小学1年 "絵の指導"
どの子もニコニコ顔！12か月の題材20選
～入賞続々！酒井式描画指導法スキルのすべて～

寺田真紀子 著

学芸みらい社
GAKUGEI MIRAISHA

宇宙人を天使に変えるもの

酒井臣吾

「1年生は宇宙人」とはよく言ったものである。初めて1年生を担任した時は、かなり面食らった。よく言って聞かせてから「わかりましたか」と言うと「ハーイ」と元気よく答えたのでやらせてみると、とんでもないことをやり始める子が続出したりする。

絵の指導も同じである。相手は宇宙人だと思ってかなり用心して題材を選び、周到に準備してかかったつもりでも、ダメなときはダメである。だいたい題材が常識的だったり、立派な絵を描かせようなどと不純な気持ちがあったりすると全く通用しない。相手は宇宙人、こちらの手の内などお見通しなのである。出来上がった絵がどの絵も「面白くないなあ、もっと面白い絵が描きたいなあ」と言っているように見えてしまう。恥ずかしい限りである。

反対に、子どもの気持ちに寄り添えた感じで題材を決めることができた時は、シナリオもスラスラと進む。自然に指導が楽しくなる。
こんな時は、あの難しい宇宙人たちも別な生き物になってしまったように楽しそうだ。できてくる絵もまた楽しそうで「こんな絵を描きたかったんだよ！」と絵が呼びかけてくるような気がする。
　最後に一人ひとりの絵を褒める時、「ス、ス、凄い！　大合格‼」と言うと自分の絵を掲げてピョンピョンと跳びはねながら帰っていくあの後ろ姿は、本当に美しい、宇宙人が天使に変わった一瞬である。

ここに1年生が天使に変わることができる題材が、なんと20題材もある。贅沢な本である。
　どうか、まずはしっかりと読み込んでいただきたい。読み込んだら自分も描いてみていただきたい。描いたら、一人ひとりの宇宙人の顔を思い浮かべつつ楽しく作戦を練るのである。
　そうすれば必ず宇宙人たちも、天使に変わってくれるはずなんですが──。
　ご健闘を祈るばかりであります。

まえがき

　1年生の担任になった。さて図工の時間はどうしよう？　1年生に何をどのように教えたらいいの？——
　本書はそんな不安をかかえる先生にぴったりの本である。

　小学校には、「自由にのびのびと、子どもの思いのままに描かせるのがよい」という考えのもとに「教えないで描かせる」図工の授業がまだ多く見られる。
　しかし、酒井式描画指導法主宰の酒井臣吾先生は言う。

> 　私の調査では小学校の4年生での半数が絵が嫌いになり、6年生では絵嫌いが8割を超える。(中略) 何でこんなことになるのか。一言で言えば、「絵を描く力」を全くつけてやらぬからである。では、なぜ「力」がつかないのか。それは、力をつける方法をとらないからである。「思ったように」「思ったことを」「思った材料で」「自由にのびのびと」描かせているからである。
> (『"活動主義の授業"はなぜダメか』明治図書出版)

　「運動会で楽しかったことを絵に描きましょう」「遠足のことを描きましょう」などと言って、テーマだけを与えて自由に好きなように描かせると、「先生、何を描いたらいいの？」「どうやって描けばいいかわからない」と困惑する子が続出する。発達障害の子ならなおさらだ。そして「もう、描きたくない」「こんなヘタな絵いやだ！」と描く力はつかず、子どもは絵が嫌いになってしまうのだ。
　教師なら、**どの子も「先生、ぼく、うまく描けたよ！」「絵を描くのが楽しいよ」と思えるような「描く力をつける」図工の授業を目指すべきである。**

　私はある年、1年生の1学期に3匹のこぶたの絵に取り組んだ。その際、ぶたの動き（基本、逆立ち、上向き）の描き方や、パスの彩色の仕方なども教えた。
　そして2学期になり、別の絵で動きのある人物を描かせたとき、驚いたことが

あった。

　子どもたちが「先生、ぼく知ってるよ。初めはまるでしょう」「胴体を描いたら先に手と足を描くんだよね」「最後につなげるんだよね」などと言って「動き」を描く手順をしっかり覚えていたのである。そのまま2年生に持ちあがった。すると

元寺田学級の子たち（4クラスあったので4分の1）にさらに驚く光景が見られた。図工の時間に、動きがある人物の描き方手順や、パスの彩色の仕方を「こうするんだよ」と誇らしげに他の子に教えていたのだ。

　また、のりで貼る時にも「ここで貼ったら後で色が塗れなくなるからこうしよう」「どのように貼ったら動きが出るかな？」などと考える場面が出てきた。子供たちは今までに学んだことをしっかりと生かして造形していたのだ。

　　自由に好きに描いた絵では、「どのように貼ったら動きが出るかな？」などといった思考力は育たない。しっかり**「教えるべきことをきっぱりと教える」**からこそ基礎的な造形力がつき、そのことを基にして思考力が育つのである。

　本書では1年生12か月のおすすめシナリオを厳選し20本収録してある。また、1年生には他の学年にはない指導のコツがある。この1年生ならではの特性を生かして、1年生にどのように図工を指導すればいいのかを本書で述べている。

　さらに酒井式描画指導法スキルのすべてを随所に詰め込んだ。ぜひ、たくさんのシナリオを追試いただき、「うまく描けた！」「先生、図工が楽しいよ！」という子どもの事実を作り出していってほしいと思う。

　本書が先生方にとって少しでもお役に立てば幸いである。

　　　　　　　　　　　　　　　　　　　　　令和元年9月　寺田真紀子

目次

宇宙人を天使に変えるもの　酒井臣吾 …… 2

まえがき …… 3

1 小学1年生の絵の指導　12か月シナリオカレンダー …… 8

2 1年生の絵の指導　これだけは知っておきたい7箇条 …… 10

3 1年12か月　楽しい月別シナリオ

月ごとにおすすめシナリオを紹介。
クラスの実態に合わせてやりやすいものを選ぼう。

4月 入学してすぐの図工の時間は
これをする！ …… 16

　　入学して2週間で参観！　何を掲示する？
　　ぴったりのシナリオ
　　「にこにこたんぽぽ」…… 19
　　「てんとうむしのてんちゃん」…… 24

5月 1時間でできる！　顔・手の描き方

　　酒井式の原点　ワークで練習 …… 27
　　「かたつむりの線」ファックスシート … 30
　　手の描き方 …… 33
　　顔を描く …… 36

6月 パスを使ったシナリオ

　　シナリオ「3びきのこぶた」…… 42
　　シナリオ「たこおやぶん」…… 51

7月 夏にぴったりのシナリオ
シナリオ「シャワーを浴びたよ」…… 57
シナリオ「夢に見たあさがお」…… 63
＊絵の具の指導最初の重要ポイント …… 65

9月 夏の思い出を描こう
初秋にできるミニシナリオ
ミニシナリオ「りんごとぶどう」…… 71
シナリオ「ぶどう狩りに行ったよ」…… 75
シナリオ「ゆうやけこやけのトンボたち」…… 80

10月 じっくり描く！
図画展に向けてのシナリオ
シナリオ「虫に乗って空をとんだよ」… 87
シナリオ「きょうりゅうとお散歩した夢」
…… 98

＊鑑賞会をしよう …… 114

11月 1年生大喜び！ おすすめ紙工作
ハロウィンかぼちゃを作ろう …… 118

12月 1年生でもできる！ スパッタリング
シナリオ「ハッピーバースデー」…… 123
シナリオ「クリスマスの夜」…… 131

1月 新年の目標を描こう
ミニシナリオ「ちぎり絵　今年のもくひょう」…… 137
ミニシナリオ「パスのこすり出し　今年のもくひょう」…… 142

2月 学んだことを生かして：
1年生の3学期はここまでできる！

シナリオ「ほたるまつり」…… 144
シナリオ「いっすんぼうし」…… 152

3月 お気に入りの絵の写真を
これで飾ろう

思い出フォトフレーム …… 163

付録 卒業式の掲示にぴったり！
1年生と6年生のコラボ

花いっぱいになあれ …… 166

4　基礎基本Q＆A　酒井式描画指導法とは？…… 168

そもそも「酒井式描画指導法」って何ですか？
酒井式で描かせるとどのような効果が
あるのですか？
かたつむりの線って何ですか？
どうして酒井式の絵には首がないのですか？
部分積み上げ法とは何ですか？
酒井式4原則とは何ですか？
造形言語とは何ですか？

5　酒井式とプログラミング的思考 …… 176

あとがき …… 179

❶ 小学1年生の絵の指導

かたつむりの線
かたつむりのようにゆっくりと引いた線

いろいろな動き　頭 → 胴体 → 手・足 → つなげる

パスの使い方
魔法の綿棒を使ってクルクル……とやさしくこする

はさみの使い方
・はさみの奥で切る
・紙を回して切る
・大まかに切ってから細かい所を切る

教えて、褒める

酒井式4原則
・ふんぎる（見切り発車の法則）
・集中する（かたつむりの法則）
・よしとする（肯定の法則）
・それを生かす（プラス転換の法則）

のりの使い方
別の台紙の上で貼る

配置　どこに貼ればいいかいろいろ置いてみて決める

| 4月 | 5月 | 6月 | 7月 | 9月 |

入学してすぐの図工指導

顔・手を描こう

顔・手の描き方　人物の動き

たこおやぶん

シャワーを浴びたよ

りんごとぶどう

ゆうやけこやけのトンボたち

にこにこたんぽぽ

パス・はさみ・のりの指導

3びきのこぶた

初めての絵の具指導

夢に見たあさがお

ぶどう狩りに行ったよ

12か月シナリオ カレンダー

この順で描くとどのような動きも描ける。
顔を逆さまに描くと上を向いたようになり、胴体を顔の上に描くと逆立ちになる。

鑑賞会

酒井式は
プログラミング的思考

1年生の絵の指導
これだけは知っておきたい7ポイント
① 図工は2時間続きではなく1時間ずつ設定すること
② 1年生は20分しか集中時間がもたないと心得ること
③ 毎時間のスタートをそろえること
④ 子どもに作品を持ってこさせず教師が動くこと
⑤ 1年生がわかりやすい表現で具体的に言うこと
⑥ 手元を見せて実演すること

10月　11月　12月　1月　2月　3月

絵画展に向けての指導

虫に乗って空をとんだよ

きょうりゅうとお散歩した夢

ハロウィンかぼちゃ

ハッピーバースデー

クリスマスの夜

スパッタリング・ちぎり絵・こすり出し・切り絵……いろいろな技法の体験

今年のもくひょう

学んだことを生かして

ほたるまつり

いっすんぼうし

思い出フォトフレーム

卒業式の掲示

2 〜1年生の絵の指導〜
これだけは知っておきたい7箇条

1年生に絵を指導する時の心得

　1年生は他の学年とは違う。何もかもが初めてだ。他の学年だと今までの学年の積み重ねがあるが、1年生はそうはいかない。教師の指導がそのまま1年生の子どもたちに表れる。

　では、そんな1年生に絵を指導する時、心得ておかなければいけないことは何か？　私は次の7つだと考える。

第1箇条　図工の時間は2時間続きで設定せず、1時間ずつにする

　4月初めに時間割を組むときに、図工の時間をどのように設定されているだろうか？　高学年だと2時間続きに設定する人もいるかもしれない。
　しかし1年生に2時間続きの図工はよくないと断言できる。1年生は45分でも長いのだ。
　4時間目はその後に給食があるので避けたほうが良い。
　1年生は準備、片付けにも時間がかかる。2時間目か3時間目がおすすめだ。ぶっ続けの2時間よりも細切れの20分を3回、のほうがよい。

第2箇条　1年生は集中力が20分しかもたない

　NHKの教育テレビの子ども向け番組は、10分程度で短く制作されている。また、サザエさんなどもCMを挟んで30分間に2〜3作品が放映される。これは「子どもは集中力がこれだけ短いですよということの証」だと教えてもらったことがある。大いに納得した。1年生は、集中力が長くても20分ぐらいしかもたないので

ある。ならば、授業時間は45分あるのでこのように組み立てる。

45分
①準備（紙を配付・絵の具の準備など）
②子どもを前に呼んで実演（手元を見せる。なるべく短く）
③集中（20分）
④片づけ（早くできた子は静かに自由帳や読書などをさせる）

　早くできた子には自由帳などをさせて、最後の子が本日の課題を終えるころに終了のチャイムがなるぐらいにその日の課題を設定する。
　そのために大切なのが

第3箇条　毎時間のスタートをそろえる

ということだ。ある子は絵の具をしていて、別の子はまだ下書きなどというバラバラの状態は絶対に避けるべきである。今日はパスの彩色だけ、今日は切るだけ、などと課題を決めてその時間みんな同じ課題を取り組むようにするのだ。
　ではスタートをそろえて全員が彩色に取り組んだとする。しかしそのままだと「シーンとした集中時間」を作り出せない。すぐに「先生、先生」と呼ばれるからである。
　どうすればいいのか？　それには次の心得が役に立つ。

第4箇条　子どもに作品を持ってこさせない。教師が動く

　1年生の特徴が「自分が先生に認めてもらいたい」である。作業中に誰か1人が「先生、これでいい？」と作品を持って見せに来るとする。そして、「いいね、この調子」などと褒めると
　「先生、ぼくのは？」
　「私のもこれでいいの？」
　「ねえ、先生。見て！」
と次々に席を立ち、ドドドーッと押し寄せてくる。
　1年生を担任したことがある方は、このような経験がおありだと思う。

絵を描いているときにこのようにドドーッと押し寄せて来られると他の子は集中どころではなくなる。

だから「困ったな、とか、もうできたよ、とかいう人でも、絵を先生のところへ持って来ません。先生がみんなの場所まで行きます」と言っておく。

第5箇条　1年生がわかりやすい表現を
　　　　　（イメージ語・名前をつける・回数）

例えば、「水をたっぷりにして塗りなさい」だけでは、「たっぷり」が「どの程度」なのかわからない。それよりも、「筆をチャポンと水入れにつけてね、そのままパレットに落とします。1回、2回、3回。水たまりになったね。そこに絵の具を溶かします」などのほうが具体的である。雨粒や雪などを描く場合「まだ少ないからもう少し描こう」などと言うと「もう少し」がどのくらいかわからない。だから「雪をあと20個ふらせましょう」などと具体的な数で言うのだ。

また、1年生は筆や水入れに名前を付けるとわかりやすい。筆は「かさかさ筆・にこにこ筆・泣き虫筆」水入れは、「じゃぶじゃぶ池」「すすぎ池」「ちょっぴり池」などと名前を付ける。私はいつも絵の具を指導する際には右のような図を板書する。子どもたちは一目でわかる。パレットについても同じで「大きいお部屋」「小さいお部屋」などと言うほうが1年生にはスッと入ることが多い。

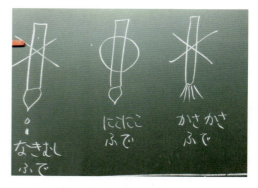

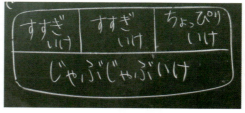

本論でも述べるが、顔の描き方は特に「触感」で触って感じて描く。よく、「鏡を見ながら描かせる」という実践を目にするが、1年生は「よく見て」描くよりも、「触って実感して描く」ほうがより生きた線になる。

「ぽちゃぽちゃだよ」「ゴツゴツしてるよ」などのイメージ語を使うとわかりや

❷ 1年生の絵の指導　これだけは知っておきたい7箇条

すい。柔らかいよと言いながら描いた線は本当に柔らかくなる。
　このように1年生がわかりやすい表現で言うのが大切である。

第6箇条　手元を見せて実演すること

　写真のように子どもたちを前に呼んで実際にやって見せる。これも外せない重要ポイントである。絵の具の水加減、パスの色の塗り方などをはじめ、多くの場面で活用できる。
　私は45分の授業の中で、最低でも1回は手元を見せて実演する。椅子に座って説明を聞くのと、教師の近くで手元を見て理解するのでは雲泥の差があるからである。教師が黒板の前で熱心に説明しても聞いていない子が絶対にいる。ましてや水加減などわからない。実演を間近で見ることで、具体的にすることやイメージがわかるのだ。

　なお、前に呼ぶ時はおとなしい子も全員が手元を見えるように配慮が必要である。

＊やって見せる時の裏ワザ

　前でやって見せる時、パレットや筆は子どもから借りて使う。その際に、「一番手がかかる子・配慮の必要な子」のパレットを借りて実演を行う。
　このような子は「絵の具を混ぜる」だけでつまずいてしまうことが多い。しかし実演が終わったらその子はもうパレットに絵の具が混ぜてある状態となる。だからあとは「塗る」という一番楽しいところだけに集中できるのだ。

第7箇条　何と言っても褒めること

　褒めるためにはまず、自分で描いておかねばならない。
　自分で描くから、子どものつまずきに気づくことができる。
　自分で描くから、子どもが一生懸命描いた線に感動できる。
　子どもは「これでいいのかな？」と不安なのである。だから教師は「いいよ」「かたつむりの線だよ」「その調子」と褒めて認めてあげることが重要なのだ。大の大人でさえ、セミナーで酒井先生にたった一言「いいね」と言われるだけでもう天にも昇るぐらいうれしいのだ。ましてや1年生。一生懸命描いた絵には必ずよいところがある。それを褒めてあげるのが1年生担任として重要なことだ。たくさんたくさん褒めてほしい。
　なお、授業中に褒めるにプラスして、授業後にも褒めるためのいくつかの方法を紹介する。

★前で発表会（5分程度）
　班ごとに前に出て来させ、上にあげる方法。

> サンハイで上にあげますよ、サン、ハイ！
> うーんすごい！　すばらしい。拍手ー!!

　時間があれば1つずつ「〇〇がいい！」とテンポよくコメントする。

★フラッシュカード褒め（5分程度）
　1枚1枚フラッシュカードのようにして、「〇〇さんのは……がいいね」「□□さんのは……がすばらしい」などとテンポよく褒めていく方法。

★酒井式鑑賞会（45分）
　この方法で行うと「鑑賞」の成績がみんなアップする。＊詳しくはP.114参照

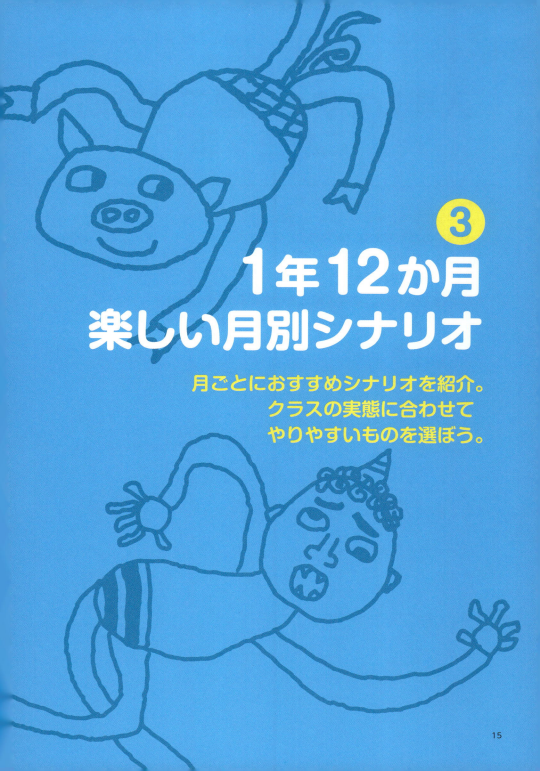

③ 1年12か月 楽しい月別シナリオ

月ごとにおすすめシナリオを紹介。
クラスの実態に合わせて
やりやすいものを選ぼう。

❸ 4月 入学してすぐにできる!! 1年生らしいかわいいシナリオ

入学してすぐの図工の時間はこれをする!

　入学してすぐの図工の時間。いったい何をすればいいのか?
　基礎中の基礎である「パスの出し方・片づけ方」をテンポよく教えよう。その後は自由にお絵描きをさせる。

パスの出し方・片づけ方・初めてのお絵描き（45分）
　初めてお道具箱を持ってきた日。次のように言う。

> パスを机の上に出します。

T：サッと出せてかしこい。
T：速いね！　スーパー1年生だ。
　必要な用具をサッと出すことができる。これはすべての学習に通じる極めて大切なことだ。力強く褒めよう。

> 出し終わったら手はおひざ。○○さんはもうできています。すごい。

　机の上に出したら必ず触りたくなる。それが1年生。褒めながらテンポよく指示を出す。

> 名前が書いてあるか見ます。

　何でも不安になるのが1年生。みんなと違うところに名前が書いてあったり、周りは新品なのに、自分は幼稚園で使っていたものだったりと「みんなと違う」ことが不安材料になる。「大丈夫だよ」「それでいいです」と安心させよう。

❸ 1年12か月：楽しい月別シナリオ

> 箱を開けます。ふたは裏に重ねます。

これは重要。たった一言だがこの時期に教えておかないと、後々パスのふたが絵の上にかさばり邪魔になる。新品のパスに入っているシートのようなものも必要ない。一緒に裏に重ねる。

> パスを置く場所は、どっちがいいでしょう。お隣に話してごらん。

黒板に絵を描く。

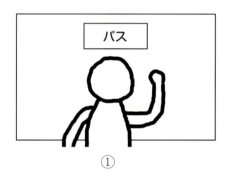 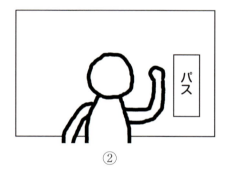

C：①がいい！
C：②はぶつかっちゃうよ。

> 手を挙げてもらいます。①と思う人？　②と思う人？
> 答えは……①です‼　みんな大正解‼

C：イエーイ‼
　こんなことで喜ぶのか？　と思うなかれ。このころの1年生はお勉強がしたくて、正解したくてたまらないのだ。

②だと、ひじが当たって、ガシャーンって落ちてしまうね。
①のように出します。では、やってみましょう。

　これも、サッとできているのを褒める。
　パスが「ガシャーン」と、あちこちで落ちると授業がそこでストップしてしまう。出す位置、しっかりこの時期に教えよう。

片づけ方はどうでしょう。どちらがいいですか。

①

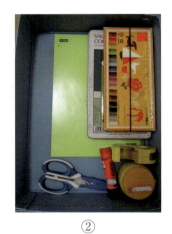

②

そうですね。②です。みんなもやってみます。ようい　スタート。

　（②のような写真を拡大コピーし、ラミネートして置いておくと、隙間時間に整頓させたいときなど「真似しましょう」と出すだけでよいので便利。）
　この後、もう一度所定の位置にパスを出させてお絵描きをさせる。初めてのお絵描きは全く自由に描かせてみよう。「4がつ11にち」などと裏に日付を描いておくと1年後見たときに「何これ？　ぼくってこんな絵描いていたの？　今のぼくと全然違う」と成長を実感することができる。

❸ 4月 入学してすぐにできる!! 1年生らしいかわいいシナリオ

にこにこたんぽぽ
てんとうむしのてんちゃん

入学して2～3週間もすれば初めての参観日がくる。「掲示物はどうしよう」と困った方はいないだろうか？ これは、簡単にできて、しかもかわいい！ また、初めての参観日での掲示物にもぴったり！ 入学してすぐの1年生でもできるシナリオを2本紹介する。

このシナリオで体験・獲得させたい造形力
はさみの使い方、のりの使い方

にこにこたんぽぽ

準備物
　黄色のコピー用紙（半径5cmの円を3つ書いて印刷しておく）
　白のコピー用紙（半径3cmの円を3つ書いて印刷しておく）
　はさみ・のり・ネームペン・色紙（緑・黄緑）・色画用紙（8つ切りの半分の大きさ、紫・黒・青）・パス

指導計画（全2時間）
　第1幕　お話、たんぽぽを作る
　第2幕　台紙に貼って完成

第1幕　お話、たんぽぽを作る

T：目を閉じましょう。お話をします。

　　たんぽぽは、冬の間、葉を地面につけてじいっと我慢していました。
葉の上には冷たい雪がつもることもありました。
　「ああ寒いなあ……」
　「早く春にならないかなあ……」
　たんぽぽはずっとそう思っていたのです。
　やがて冬が過ぎ、春が来ました。
　あたたかい風が
　「おうい、春になったよう」
と呼びかけました。
　太陽がポカポカした日差しを浴びせました。
　たんぽぽは
　「やったー！　ついに春だ‼」
と茎をグーンと伸ばしました。そして黄色いステキな花を咲かせたのです。

　このときのたんぽぽの顔はどんな顔でしょう。お隣と言いあってみましょう。

C：嬉しい顔！
C：にこにこしているよ。
T：そうですね。待ちに待った春が来たので、にこにこなんです。
　　今日はこの「にこにこたんぽぽ」を作ります。
　見本を見せる。
　白コピー用紙（半径3cmの円を1人あたり円3つ分印刷してあるもの。右図）を配付。

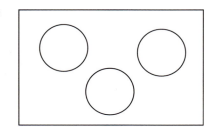

にこにこたんぽぽの顔を描きます。どんな顔がいいかな。
いろいろな顔を考えましょう。

ネームペンで描く。

ほっぺは色鉛筆でほんわか赤くする。

「うれしそうだね」「笑っているね」「おすましているね」などと大いに褒める。

まるのところをはさみで切ります。

はさみのポイントは3つ。

①チョッキンチョッキンは床屋さん、はさみの奥でチョチョチョと切る。
②紙は回しながら切る。
③大まかに切ってから細かいところを切る。

できた子は黄色のコピー用紙（半径5㎝の円を1人3つ分印刷してあるもの）も、まるの形に切る。

切ったら黄色の〇の上に顔を貼ります。
のりは全部べちゃーっとつけるのではなく、別の紙の上で端だけつけます。

はさみの使い方、のりの使い方。これもきっちり教える。

黄色の所をはさみで切って花びらを作ります。

これは前で実演して見せる。
手元を見せて、やってみせるのが一番。

切れたら少し折って立体的にする。

くるくると丸めるように折る。

第2幕　台紙に貼って完成

　黒・青・紫の台紙（8つ切りの半分の大きさ）を用意。好きな色を選ばせる。

紙は縦向きでも横向きでもいいです。
たんぽぽをここに貼ろうかな……と思うところにおきましょう。
1つ置けたら2つめは高さを変えて置きます。

　「高さを変える」この一言だけでも実は「配置」の学習になっている。
　子どもたちはここにしようかな、どうしようかなといろいろ置いてみてからのりで貼る。たんぽぽは3つ全部使わなくてもよい。
　綿毛もつけたい子は第1幕で顔を描いた丸い用紙に直接はさみを入れて綿毛にする。
　後は折り紙で葉っぱと茎を切って貼り、ちょうちょ・てんとうむしなどを自由にパスで描いて完成。（葉っぱはパスで直接書き込んでもよい。このあたりは子どもたちの実態に合わせていただけたらと思う。）

❸ 1 年 12 か月：楽しい月別シナリオ

入学して初めての参観日では、「はじめてかいたなまえ」のカードと一緒に掲示。

　なお、実施学年（当時の1年生は5クラス）では余ったたんぽぽを5クラス分集めてきて色模造紙に貼り、学年目標として廊下に掲示した。これもとても好評だったのでおすすめである。

てんとうむしのてんちゃん

準備物
　黄色のコピー用紙（半径5㎝の円を3つ書いて印刷しておく）・白画用紙（3㎝×3㎝）・黒の色画用紙（約4㎝×7㎝）・赤の色画用紙（約10㎝×10㎝）・はさみ・のり・パス・ネームペン・モール（5㎝）・色画用紙（8つ切・水色）

指導計画（全2時間）
　第1幕　お話、てんちゃんを作る
　第2幕　たんぽぽちゃんを作る

第1幕　お話、てんちゃんを作る
　お話をする。

　　ここは広い広い野原です。たくさんの草が生えています。その草っぱらをようくみていくとね、何とそこに「てんとうむしがいっぱい住んでいるてんとうむしの国」がありました。そこには赤いてんとうむし、黄色いてんとうむし、いろいろなてんとうむしがいます。そしてみんなみたいなかわいい1年生のてんとうむしもいました。てんちゃんといいます。
　　ある日のことです。その日はみんなが待ちに待っていた遠足の日でした。
　　てんちゃんがいいました。
　　「ああ遠足、たのしみ！」
　　「はやく遠足に行こうよ」
　　そして1年生みんなで一斉にブーン……たんぽぽのお花畑を目指して飛んで行きました。やがて、たんぽぽのお花畑につきました。たんぽぽちゃんはみんなにこにこ笑顔です。たんぽぽちゃんが言いました。
　　「こんにちはー。てんちゃーん。てんくーん。てんきちちゃーん。テンスケくーん……」。

　いきなり「○○を作ります」とするのではなく、このようにお話をしてから入ると作品に「これは、てんちゃん、これはテンスケくん」などと主語ができる。1年生にはぜひお話をたくさんしてあげてほしい。

❸1年12か月：楽しい月別シナリオ

今日は、てんちゃんたちがお花畑についたところを描きます。
まず、てんちゃんの顔を描きます。どんな顔にしようかな。

3cm×3cmに切った白画用紙にペンでマルを描いてから目・口・ほっぺと描く。ほっぺは赤鉛筆でうすく塗る。

次に胴体をつける。4cm×7cmに切った黒の色画用紙に細長いマルを描いてはさみで切る。

羽をつける。10cm×10cmの赤かオレンジ系の色画用紙を〇に切り、さらに半分に切って半円にする。ペンで斑点を入れる。

最後に100円均一で購入したモールをセロハンテープで裏からとめて出来上がり。
1年生らしいかわいいてんちゃんたちができる。

第2幕　たんぽぽちゃんを作る

前述のにこにこたんぽぽとほぼ同じ。今回は白の部分をなくして黄色だけだが、これでも十分である。

まず、黄色の色画用紙（5cmの円を印刷してあるもの）を切り、にこにこ笑っている顔を描く。

次に、周りに切りこみを入れ、折り曲げて花びらにする。このあたりは「にこにこたんぽぽ」と同じである。

最後に水色の色画用紙に貼る。葉っぱはパスで書く。

> てんちゃんたちがお花畑に来た時、他にどんな虫がいたらいいと思いますか。
> お隣と話し合ってみましょう。

C：ちょうちょがいいな。
C：てんとうむしもいいと思う。

　子どもたちは自分の好きな昆虫を言う。そのちょうちょや他の虫などを書き入れるとさらに個性が出る。
　第１幕で作っておいたてんちゃんを貼って完成。

　この実践後、同じ１年担任の先生に「クラスのAさんがね、「今までで一番うまくできたよ！」って言いに来たんです」「私こんなこと言われたの初めてで……寺田先生のおかげです。ありがとうございました」と言われた。
　学年会で一緒に作品作り実技をしただけである。１年生が大喜びする「にこにこたんぽぽ」「てんとうむしのてんちゃん」おすすめ！

③
5月
1時間でできる！顔・手の描き方

酒井式の原点 かたつむりの線
ワークで練習 かたつむりの線

　「かたつむりの線」とは、酒井式を実践する上で最も重要であり酒井式の原点とも言えるものである。酒井先生は言う。

> **線描の根本は、自分の神経を集中させて引くことです。** 集中させるには集中できるスピードがあるわけです。（『楽しい絵画教室』7号　明治図書出版）

具体的にどのようなスピードかと言うと

- かたつむりのようにゆっくりと描く線
- およそ秒速5㎜

である。このかたつむりの線は、教師自身が体得しておかねばならない。
　秒速5㎜のゆっくりとした線を実際に引いていただきたい。（ただしきっちりと秒速5㎜というわけではなく、そのぐらいゆっくりという意味であくまでも目安）
　秒速5㎜で引こうと思うと息をのんで一心にペン先を見つめなければ引けない。
　引き終わると「フー」と息が出るはずだ。この体験をワークを使って子どもたちにさせるのである。

> **ワークで体験・獲得させたい造形力**
> 　かたつむりの線

準備物
　ワークを印刷した画用紙・黒のペン

授業の流れ（1時間）

> かたつむりがおさんぽしています。
> お花までつれていってあげましょう。
> どれがかたつむりのお散歩かな？

　1回目は、ものすごいスピードで線を引く。
C：先生、速すぎるよ！
C：もっとゆっくりじゃないとダメだよ！
T：そうだね。かたつむりの線じゃないね。

　2回目。ゆっくりと引くが、デッサンのようにシャッシャッと引く。
C：うーん、なんか違うよ。
C：かたつむりはそんなにジャンプしないよ。
T：なるほど。もっとゆっくりとじっくりとだね。

　3回目。かたつむりの線でゆっくりと引く。引き終わると「フーッ」と大きく息を吸う。
T：これでいいですか？
C：うん！　かたつむりのお散歩になったよ。

　このように、わざと間違ってみせると必死になって訂正してくれる。

教師がわざと間違うことで、正しいものに気づかせる

　これも、1年生ならではの技である。

> かたつむりがお散歩しているみたいにゆっくりした線のことを「かたつむりの線」と言います。絵を描くときにとても大切な線です。
> みんなで言ってみましょう。サン、ハイ。

❸ 1年12か月：楽しい月別シナリオ

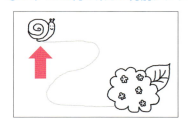

> かたつむりが出発しますと言ったら必ずペンをここ（→）につけます。
> スタートと言ったら必ずスタートします。
> かたつむりが出発しまーす。ようい。

ようい、で一瞬止める。スタートは両手を口に持ってきて、ささやくように優しく優しく言う。

> スタート……ゆっくりゆっくり……途中でペンを離してはいけません。ゴールを見つめてゆっくりゆっくり進みます。

子どもたちは集中している。ここで机間巡視して、「いいよ」「かたつむりの線だよ」とそっと褒める。一言ずつでよいのでここは全員褒めてあげたい。

> ハイ、ゴールのお花に着きました。「フーッ」て先生みたいに息が出た人？
> すばらしいです。かたつむりの線ができている証拠だよ。

2枚目を配付。

> 釣りをしていたらね、釣り糸がぐるぐるからまっちゃった。かたつむりの線で釣り糸を描きましょう。

できた子は、色塗りをする。
これで1つのミニ作品になる。

次頁からは、かたつむりの線ワークとして、そのままコピーして使えるようになっている。
子どもたちの実態に合わせて、使っていただければと思う。

ゆっくりおさんぽ　なまえ（　　　　　）

つりいとがからまっちゃった　なまえ（　　　　　）

ながいくびにしてね　なまえ（　　　　　）

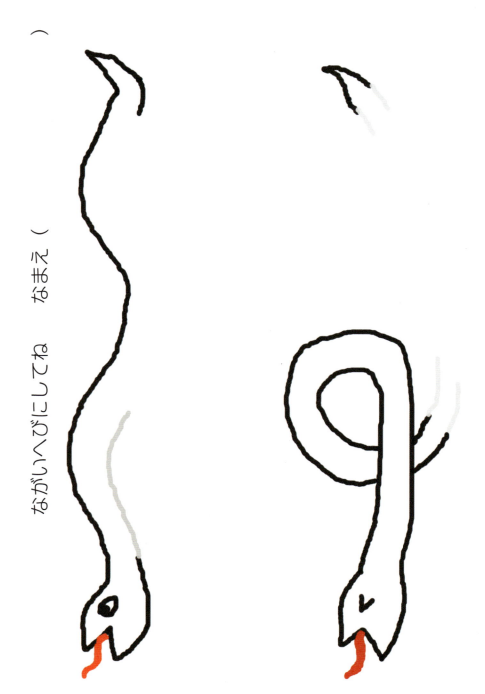

1時間で完成 どんな手でもこの方法で描ける！
酒井式 手の描き方

　手を描くのは難しいと思っている子がたくさんいる。1年生に「手を描きなさい」と言うと必ずクラスに1人は手の型を取る子がいるのではないだろうか。酒井式の手の描き方を知ると、どんな形の手でもスイスイ描ける。

　「この描き方で描くとどんな手も描けるよ」と言ってやってみせる。1年生は「先生すごーい!!」と言ってくれるはずだ。

　（原実践　酒井臣吾先生）

このシナリオで体験・獲得させたい造形力
　手の描き方

準備物
　画用紙（8つ切り）・パス
　黒の太いペン（水性）またはチョーク（教師のみ）

授業の流れ（45分）

　真似っこ遊びをします。先生と同じようにできるかな？

　両手を前に出してグー・チョキ・パー・ピースサイン・親指だけ立てるなどいろいろな形を作る。テンポよく動かす。パーを出したところでストップ。

　おもむろにペンで手に○を描く。チョークでもよい。（チョークのほうが洗うとすぐに落ちる）
　C：ワー先生が手に何か書いてる!!

教室はこれだけで熱狂状態になる。
1年生ってすごい。

今日は手の描き方のお勉強をします。青のパスを出しましょう。

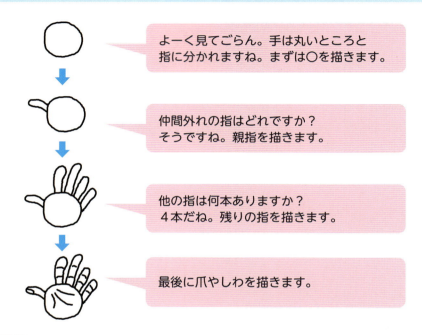

この描き方で描くと、どんな手の形でも描けます。次はピースサインを描いてみましょう。今度は緑のパスを出します。

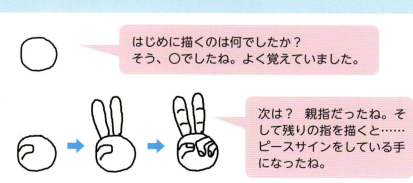

もう、みんなはどんな手でも描けますよ。次はグーを描いてみましょう。
はじめは何でしたか？

同じパターンで描ける。
○→親指→ほかの指→爪
の順番である。

時間が余れば他の形の手も描いてみる。あんなに難しいと思っていた「手」が簡単にスイスイ描けることに子どもたちはとても驚く。

見て！ じょうずに描けたよ!!

1時間でできる！顔・手の描き方

③ 5月

しっかり触る・触れてから描く「触感法」
酒井式で顔を描く

酒井先生は言う。

> ふんだんに触らせて描かせることです。触って描いたり触れて描いたりする。（中略）五感を使って描かせるということは十才までの本性なのです。

（『楽しい絵画教室』5号　明治図書出版）

「触って」「感じて」描く触感法で顔を描こう。
（原実践　酒井臣吾先生）

このシナリオで体験・獲得させたい造形力
顔の描き方

準備物
　画用紙（8つ切り）・コンテ（こげ茶）・黒色画用紙（教師のみ）

授業の流れ（45分）
鼻を描く

　黒の色画用紙の真ん中に△の穴をあけたものを用意。△の穴から鼻を出して見せる。できる方は鼻をヒクヒクさせる。これは1年生には大うけする。

> 鼻を触りましょう。スーッ、ポヨポヨ……ボゴッ
> （鼻の穴に指を入れる）
> みんなも「ボゴッ」で穴に指を入れるよ。
> スーッ、ポヨポヨ……ボゴッ

　子どもたちは、笑いながら自分の鼻を触って鼻を「体感」する。

> 鼻を描きます。かたつむりが出発しまーす。よういスタート。(スタートはささやくように)

　かたつむりが出発しますと言ったら必ず出発させる（酒井式4原則の第1「ふんぎる」）。全員が一緒に出発することでシーンとした時間ができる。必死にコンテの先を見つめ、かたつむりの線で鼻を描く（これが4原則の第2「集中する」）。教師はすぐに机間巡視し、一人ひとりを「いいね」「その調子」「かたつむりの線なっているよ」などそっと褒める。子どもたちは「これでいいのかな？」と不安になる子がいるのだが、たった一言教師に褒められるだけで安心する。しかし、中には鼻が大きすぎたり小さすぎたりして「失敗した」と思う子がいるかもしれない。でも、子どもたちが一生懸命かたつむりの線で描いたものはやり直さないほうがよい。思い切り褒めて「よしとする」のだ（酒井式4原則の第3「よしとする」）。そして次のようにして「それを生かす」のである（酒井式4原則の第4）。

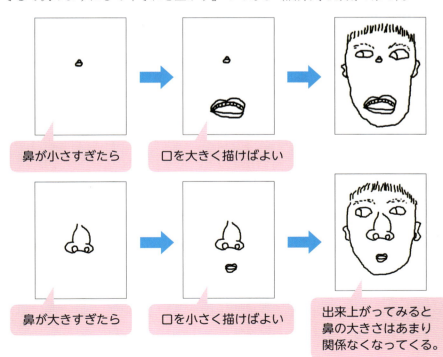

口を描く

口を触ってごらん。これは何？　唇だね。
唇は……？　ブヨブヨだね。
この硬いのは？　そう、歯だね。

目を描く

クイズです。①と②とどちらがいいですか。

そう、②だね。鼻を触ってごらん。鼻のすぐ横に目があるでしょう。
だから目と鼻は離して描きません。

次は目玉です。今までこんな風に描く子がいました。（板書）

①	②	③
より目	はなれ目	ネコ目

より目・はなれ目・ネコ目にならないように、どちらかを見つめるように描きます。

（ちなみに上や下に目玉を描くのは「三白眼」といい怖い印象になるので避けたほうがよい。）

三白眼

眉毛を描く

眉毛を触ってごらん。1本1本生えててゲジゲジだね。こんなふうに描く子がいます。どうかな？
C：ダメ！　1本1本生えていないよ！

そうだね。眉毛を描きます。ゲジゲジがスタートします。よう い、スタート。

輪郭を描く

輪郭を描きます。
先生と同じように触りましょう。
目の横は……硬いよ硬いよ。
ほっぺは……柔らかいよ。
あごは……ごつごつしてるよ。
またほっぺ。柔らかいよ。
はい、着きました。

ここはとても重要である。必ず触らせてから描かせる。
　ようい、スタートで教師も一緒に「柔らかいよ」「硬いよ硬いよ」などと言う。1年生の不思議な特徴なのだが、このようにして描いた線は、本当に柔らかい線や硬い線になる。大いに褒めよう。

耳を描く

鼻をもう一度触りましょう。そこからスーッと横に持ってくると何がありますか？　そう、耳だね。耳を触ります。ゴニョゴニョだね。

さて、耳の場所はどちらがいいでしょう？

そうだね、②だね。①は鼻の横に耳がないね。
みんなも紙に描いた鼻からスーッて横になぞります。そこに耳を描くといいね。
ゴニョゴニョが出発しまーす。ようい、スタート。
ゴニョゴニョーと心で言いながら描きます。

しっかり触ることで、鼻からまっすぐ横にのばしたところに耳があることを「体感」する。

髪の毛を描く

1年生に何も言わずに髪の毛を描かせると、「お人形」のような髪の毛や、ただ塗りつぶしただけの髪の毛を描く子が多い。

幼稚園の時にこんな髪の毛を描いていた人？（板書する）

幼稚園の子だったら十分合格です。でもみんなは1年生。「1本1本髪の毛を描く」のが1年生です。髪の毛が出発しまーす。ようい、スタート。

できあがったら班ごとに前に出てきて発表会をするとよい。教師は、一人ひとりに短く「ここがうまい！」とみんなの前でテンポよく褒めるのだ。子どもたちはニコニコ顔になる。

次のページは印刷してそのまま使えるシートになっている。
教室に印刷して1部置いておくと、顔を描きたいときにサッと取り出せて指導方法が確認できるスグレモノである。ぜひご使用ください。

酒井式　触感で描く自画像　確認シート

❸1年12か月：楽しい月別シナリオ

黒の色画用紙の真ん中に△の穴をあけたものを用意。△の穴から鼻を出して見せる。できる方は鼻をヒクヒクさせる。

↓

鼻を触りましょう。スーッ、ポヨポヨ……ボゴッ（鼻の穴に指を入れる）。みんなも「ボゴッ」で穴に指を入れるよ。スーッ、ポヨポヨ……ボゴッ。

↓

こげ茶のコンテで鼻を描く。

↓

| | 鼻が大きすぎたら | 鼻が小さすぎたら |

口を描く。口を触りましょう。唇はブヨブヨだね。硬いのは？歯だね。

口を小さく描く。

口を大きく描く。

↓

目を描く。①と②どっちがいい？②だね。鼻を触ってごらん。鼻のすぐ横に目があるね。離して描きません。

①　　　　　②

↓

より目・はなれ目・ネコ目にならないように。

眉毛を描く。眉毛を触りましょう。1本1本生えててゲジゲジだね

↓

これはどうかな？　ダメ！1本1本生えていない！

↓

輪郭を描く。先生と同じように触りましょう。目の横は……硬いよ硬いよ　ほっぺは……柔らかいよ　あごは……ごつごつしてるよ。またほっぺ。柔らかいよ。はい、着きました。

硬いよ　柔らかいよ　ごつごつ

↓

耳を描く。耳を触りましょう。ゴニョゴニョだね。

↓

これはどうかな？ダメ！鼻の横に耳がないよ！

↓

髪の毛を描く。髪の毛を触りましょう。1本1本生えているね。1本1本描きます。

↓

これはどうかな？ダメ！1本1本生えていないよ。

③ 6月　パスを使ったシナリオ

部分積み上げ法で打率10割！
3びきのこぶた

みんながよく知っているお話「3びきのこぶた」3びきがオオカミを追い出して楽しく踊っているところを描く。

酒井式部分積み上げ法で打率10割！
（原実践　酒井臣吾先生）

> **このシナリオで体験・獲得させたい造形力**
> 顔の描き方、つなぎ、ぶたの動き、パスの彩色の方法

準備物

　カラーコピー用紙B4（薄ピンク・薄黄色・薄クリームなど3色用意）・パス・鉛筆・色画用紙（4つ切り、水色・薄水色など3種類の水色）・綿棒・はさみ・のり・色画用紙（4つ切りの縦半分、黄緑や若草色など3種類の黄緑色）・ハイマッキー（黒）・ポスカ（白）・コピー用紙（B4）

指導計画（全7時間）

　第1幕　お話、こぶたの練習
　第2幕　1ぴき目のこぶたを描く
　第3幕　2ひき目のこぶたを描く
　第4幕　3びき目のこぶたを描く
　第5幕　はさみで切る
　第6幕　草原とこぶたをのりで貼る
　第7幕　仕上げ

第1幕　お話、こぶたの練習

　1年生はお話が大好き。教師もその役になりきってお話をする。
T：目を閉じましょう。お話をします。

> 　ここは、広い広い野原です。お花もきれいに咲いています。
> 　緑の野原が頭に思い浮かんだ人？　とてもいいね。その調子です。
> 　そこに3匹のこぶたが家を建てました。一番上のお兄さんはわらの家です。2番目のこぶたは木の家を建てました。ところが末っ子のこぶたはなかなか家ができません。それはレンガの家だったからです。そしてようやく家ができました。ところが、しばらくすると、オオカミがやってきました。
> 　「ふん、こんな家、ふふふのふうーさ。」
> （この辺はオオカミ役になりきり、教師も楽しむ。1年生はこれだけで大喜び）
> ……（中略）……
> 　「あちちちち！　うえーん」
> 　グツグツ煮える大鍋の中に落ちたオオカミは、大やけどをして逃げて行きました。
> 　「わーい。やったぞー!!」
> 　ブーと、フーと、ウーの3匹はオオカミを追い出して大喜び。
> 　3人はレンガの家の前で踊りました。
> （ちゃんちゃらっらーらー♪　と踊るとこれも1年生大喜び）

T：はい、目を開けなさい。このうれしいダンスのところを描きます。
　見本を見せる。
C：こぶた、かわいいー！　面白そう!!
T：こんな絵を描くの難しそうだなと思う人？（たくさん手が挙がる）
T：大丈夫です。みんなもきっと描けるよ。でもいきなり描くと不安だよね。
　　今日はこぶたの描き方の練習をします。
　こう言ってコピー用紙を配付。こぶたの描き方の練習をする。

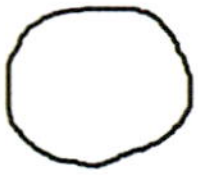

○を描きます。

↓

耳・目・口を描きます。

↓

胴体を描きます。これでいい？

↓

ダメ！小さすぎるよ

↑↓

体はなすびを描きます。これでいい？

↓

ダメ！大きすぎるよ

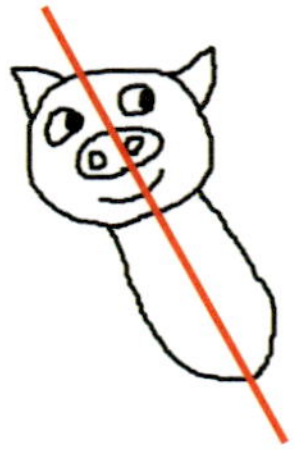

↓

これでいい？（うん）でもこの線の上で「気をつけ」しているみたいでしょう？だからこの線よりちょっとずらして体を描きます。

↓

こんなふうに曲げるといいね。

↓

手・足を描きます。ぶただから、こんな足だよ。

↓

つなげます。しっぽと服を描くと出来上がり！　服はパンツだけでもいいよ。

❸ 1年12か月：楽しい月別シナリオ

　コピー用紙に練習なので失敗しても大丈夫。
1匹目が描けたらテンポよくフー・ウーも描く。

> **フーはオオカミを追い出して「ワーイ」って「逆立ちして喜んでいる」ところを描くよ。**

　子どもたちは「逆立ちの絵なんて、無理ー」と言っていたが、授業後「簡単！」に変わった。顔を紙の下に描いて、胴体を上に描けばいいだけだからである。

 顔を下に描きます。 → なすびを上に描くと逆立ちになるね。 → 手は1本だけでも地面につくように描きます。

> **ウーは顔を逆さまにして描きます。**

 ○を描いたら耳を下に描きます。これで逆さまになるね。 → 次は何でしたか？　なすびだね。これもブーと同じです。 → 最後につなげるだったね。賢いなあ。服も着せます。

　この1時間で子どもたちはこぶたを描くのが大好きになる。休み時間に自由帳に描く子が続出する。

第2幕　1ぴき目のこぶたを描く

　B4のカラーコピー用紙（薄ピンク・薄クリーム・薄黄色から1色選ぶ）にハイマッキー（太）で描く。ここは必ず太いほうで描かせてほしい。

> 今日はブーを描きます。まず初めに描くのは何でしたか？

C：まる！

> そうですね、よく覚えていました。指でこうしようかな……となぞってみましょう。

　まるが小さすぎてはいけない、かといって大きすぎるのも……。だから「こんなふうに描こうかな」と指でなぞってみてからペンで描くのは1年生にとって、すごく安心する。そして第1幕でやったように「顔→胴体→手・足→つなぐ」という酒井式の描き方にそって進める。

　全部描けたところでクラス半分ずつ前に集めパスの塗り方をやってみせる。

> これは魔法の綿棒ね。この魔法の綿棒を使うと、すごくきれいに塗れるんだよ。こうやって……くるくる。ほら、きれいでしょう。

C：ほんとだー！

> ゴシゴシこすりません、紙が傷んじゃうね。
> ほっぺはこうやって綿棒にパスの赤をつけてくるくるこすります。ほんのりピンクになったでしょう。
> 服は好きな色で塗ってもいいです。
> でもね、黒は混ざって濁るので使いません。

　ここまで言ってから色塗りさせる。

　あとは褒めて褒めて……。

　1年生の描くこぶたは、大人には描けない魅力がある。

　酒井先生のコメント（TOSSのSNSより）。

素晴らしい‼

子どもの描くこぶたの可愛さは大人が逆立ちしてもかないませんね。

❸1年12か月：楽しい月別シナリオ

第3幕　2ひき目のこぶたを描く

　ブー・フー・ウーの「フー」を描く。逆立ちをしているところだ。これも、初めにやった練習の1時間がぐぐーっと効いてくる。描けたらパスで色を塗る。

第4幕　3びき目のこぶたを描く

　「ウー」は顔を逆さまにする。最後に白眼はポスカの白で塗らせる。

　このあたりになると子どもたちは「初めは○でしょう」「なすびは大きすぎたらだめなんだよね」と我先に教えてくれるようになる。なぜか。
　3匹のこぶたのシナリオは

・顔の描き方
・つなぎ
・パスの彩色

　このような基本的な造形言語を学ぶことができる。これが3回変化のある繰り返しで続けられるので、より浸透していくからではないかと考える。

第5幕　はさみで切る

こぶたをはさみで切る。

この「切る」ということでも、1年生は難しい。ポイントは3つ。

> ①チョッキンチョッキンは床屋さん。はさみの奥でチョチョチョと切る
> ②はさみを動かすのではなく、紙を動かして切る
> ③大まかに切ってから細かいところを切る

である。この3つ目の「大まかに切ってから細かいところを切る」は、特に教えないとわからない。大人には当たり前のことかもしれないことも、子どもたちは知らないのだ。実際大きい紙を垂らしながら切るのをよく見かける。そうではなく、右のように大まかに切ってから細かいところを切るのだ。

その際、必ず出るのが「先生、間違って切りとってしまいました」という子だ。

> あらあら……骨折しちゃったね。でも、大丈夫。こうすれば……ね。

と。にっこり笑って言おう。これだけで子どもは安心する。

裏からセロハンテープで貼ると「骨折治療終了」である。もう一度やり直すことができる。また、1人3匹ずつ切るので、

> ①裏の胴体に鉛筆で名前を書く。
> ②班ごとに箱をおいておき、切ったこぶたをその中に入れる。

も大事。切った後に「これ、誰の？」とならないように裏に名前を書く。

32人×3匹を1つの箱に集めて保管しておくと、細かい手足もあるのでちぎれてしまうため、4つの箱に分けて自分の班の箱に入れさせる。

第6幕　草原とこぶたをのりで貼る

酒井先生の見本は背景を絵の具で塗ってあった。しかし1年生の1学期（実施時期は1年生の5月）絵の具は使えない。だからパスで塗るしかない。

❸1年12か月：楽しい月別シナリオ

4つ切りサイズを……？　パスで塗る……？
試しに塗ってみたが、こりゃだめだと判断した。
1年生に4つ切りの背景をパスで塗らせるなど、「作業」になってしまう。
じゃあどうするか。いろいろ試行錯誤して決めた。

色画用紙を重ねて貼る

ことにした。

　黄緑の色画用紙（4つ切りを縦半分に切ったもの）を丘のように切る。それを、4つ切りの空色の色画用紙に貼る。これだけで空も丘も完成。しかも、きれい。最後にこぶたを貼る。もちろん貼る前に「どう置こうかな？　といろいろ置いてみましょう」と言ってからである。

第7幕　仕上げ

　パスでレンガの家や草・お花・雲を描いて完成。ここは自由。

③ 6月 パスを使ったシナリオ

パスだけで描けるシナリオ
たこおやぶん

「電線のエチュード」「ながいながいへび」などは酒井式の基本となるエチュードである。これらは線の練習であるが、この「たこおやぶん」はへびのエチュードの発展として生まれた「お話つきのエチュード」である。

子どもたちはたこおやぶんが大好きになり、自由帳に描く子も出てくる。

どの学年でも追試可能な寺田のオリジナルシナリオ。

このシナリオで体験・獲得させたい造形力
　かたつむりの線、重なり

準備物
　画用紙（8つ切り）・パス

授業の流れ（1時間）
T：お話をします。目を閉じましょう。

　広ーい広ーい海です。
　その海の底に、人間が知らない「たこの国」がありました。
　そこにはね、大きいたこ、ちいさいたこ、おじいさんのたこ、子どものたこ、……たこがいっぱい暮らしていました。
　そのたこの国に、だれもがすごいと思っているたこがいました。
　何がすごいかというと、「足がうーんと長い」のです。だからどんな遠いところの魚や貝や、ヒトデなども、ながーい足をぐーんとのばしてヒョイとつかむことができました。

そのたこがあんまりすごいので、みんなはそのたこのことを「たこおやぶん」というようになりました。
　どうして「たこおやぶん」かって？
　それはね、長い長い足で遠くのものまでつかめるし、太い太い眉毛がまるで「おやぶん」みたいに強そうでかっこよかったからなんです。

　ある日のことです。たこおやぶんのところに小さな小学校1年生ぐらいの子どものたこがやってきました。そしてたこおやぶんに言いました。
「ねえねえ、たこおやぶん、おやぶんがね、ヒョイと足をのばすと、どんな遠いところの魚やカニやワカメなんかがとれるって……ほんと？」
「ああ本当だとも。ようし、みせてやるかな。それっ！」

　たこおやぶんはぐーんと足をのばしました。

T：ハイ、目を開けなさい。

たこおやぶんの顔を描きます。まずは鼻です。描こうと思うところに指をさしてごらん。

　さっと全員チェック。下半分かつ端でなければよしとする。チェック後、丸い黒のクレパスで鼻を描く。

たこおやぶんの鼻はね、丸い丸いお鼻です。
かたつむりの線でゆーっくり。

目を描きます。
ただし目玉はまだ描きません。

❸ 1 年 12 か月：楽しい月別シナリオ

口を描きます。たこなので吸いつくような口にします。

このような口でも面白い。よしとする。

眉毛を描きます。
「おやぶん」だから強そうにね。

頭を赤のパスで描きます。
「ふわふわーぽよぽよー」
と言いながら。

足を描きます。たこの足は何本ですか？　そう、8本ですね。
足先だけを端に描きます。

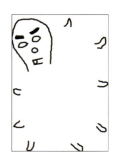

×足先が偏らないように。

いよいよつなぎます。まず、先生が1本だけつないでみます。どちらがたこおやぶんの足ですか？

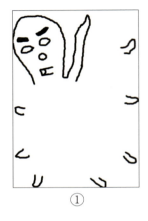
①

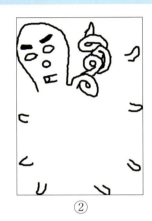
②

C：②‼　①は短いよ。

そうですね。②のように長い長い足にします。

交わりまで一気に教える。

どちらが正しいですか？

C：右！

T：そうですね。透明にならないようにします。
　　いっしょに練習するよ。

くるっと回ってストップ！

次もくるっと回ってストップ！

ここは見えないのであるつもりで。

できたー！

❸ 1年12か月：楽しい月別シナリオ

　4本目ぐらいまでは順調にいくが、その後「先生どこから描けばいいのですか？」と困ってしまう子が出てくる。
　そこで次のように言う。

> これ以上描けないなと思っても、大丈夫。
> 途中から線を入れます。
> 「必殺ごまかしの術」です。

＊赤色部分が、途中から足を描いたところ。子どもたちは「必殺ごまかしの術」をすごく喜ぶ。

> 最後に、たこおやぶんがつかんだものを描きます。たこおやぶんがつかんだものは何ですか？　お隣と話し合ってみましょう。

C：魚だと思うよ！
C：カニじゃない？
C：ヒトデがいいな！
　他にもワカメや長靴、やかんなどいろいろつかませると楽しい。

たこおやぶんがつかんだもので一番気に入っているものを指差しなさい。
それを見つめるように目玉を描きます。

目玉が真正面を向かないように。

最後に「ちびたこ」を描いて完成。

③ 7月 夏にぴったりのシナリオ

夏にぴったりのシナリオ
シャワーを浴びたよ

待ちに待ったプール開き。さあ、プールでいっぱい泳ごう！……とその前にシャワーを浴びなくちゃね。ヒャー冷たい‼ そんな楽しいプールでのシャワーの場面を描こう。
（原実践　酒井臣吾先生）

このシナリオで体験・獲得させたい造形力
人物の動き（ムーブメント）、パスの彩色

準備物
画用紙（8つ切り）・パス・コンテ（こげ茶）

指導計画（3時間）
第1幕　自分を描こう
第2幕　パスで塗ろう
第3幕　シャワーを描いて完成だ！

第1幕　自分を描こう

> みんな、プール開き楽しかったですね。
> プールで何が楽しかったですか？

C：たから探し！
C：水のかけあいっこ！

C:水にもぐったとき!
C:シャワーが冷たかったあ。
先生はね、みんながとっても素敵な顔をしているところを見つけました。

> それは……「シャワーを浴びているとき」です。
> 「ヒャー冷たい!」という顔でしたよ。○○くんにちょっとやってもらいましょう。

ジョウロを持ってきて水をかける真似をする。やんちゃ坊主なら「ヒャー冷たい」というような演技をとても上手にしてくれる。教室は笑顔に包まれる。こんな場面は1年生ならでは。ぜひ楽しんでいただきたい。

> 今日はシャワーを浴びて「ヒャー冷たい」と言っているところを描きます。

> 初めに○を描きます。みんなのグーよりもちょっと大きいぐらい。
> だいたいこれぐらいかなあと指でなぞってごらん。

この、だいたいこれぐらいと指でなぞるところが大事。いきなり描かせると絶対に小さすぎる子がいる。しっかりなぞらせてからコンテで描く。

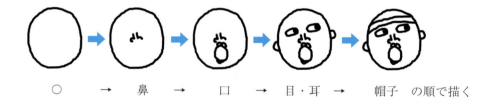

○ → 鼻 → 口 → 目・耳 → 帽子 の順で描く

目はP.38にもあるように「より目・はなれ目・ネコ目」は避ける。
ヒャーといってつむっているところや、目を閉じているところ・よい。基本はP.44のこぶたの描き方と同じである。

❸ 1年12か月：楽しい月別シナリオ

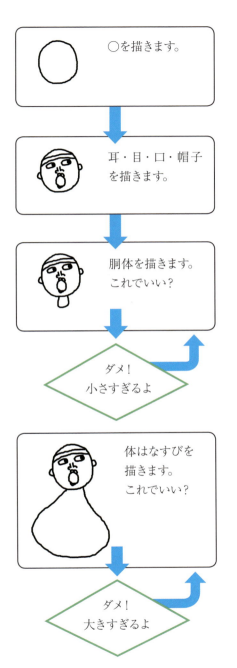

○を描きます。

耳・目・口・帽子を描きます。

胴体を描きます。これでいい？

ダメ！小さすぎるよ

体はなすびを描きます。これでいい？

ダメ！大きすぎるよ

これでいい？（うん）でもこの線の上で「気をつけ」しているみたいでしょう？だからこの線よりちょっとずらして体を描きます。

こんなふうに少し曲げます。こっちむきでもいいね。

手・足を描きます。手はアンパンを描いてから、足はそら豆を描いてから指を描くよ。

つなげます。水着は超簡単。男の子はほら、線をいれるだけ。女の子もこんなふうに線を入れるだけで水着になるね。

子どもたちは、今まで園児のころは「気を付け」のお人形さん人間しか描けなかったのに、ヒャーと言っているように描けたことがうれしくて大喜びをする。「ほら、先生！　見て‼」「上手に描けたよ！」大いに褒めよう。

　なお、市販で「コンテとめスプレー」を売っているのでそれをスプレーしておくと、次回パスで彩色する際にコンテとパスが混じりにくい。

第２幕　パスで塗ろう

> 顔を塗ります。幼稚園の時は何色で塗っていましたか？
> Ｃ：うすだいだい！
> でもプールで日焼けしているとこんなに薄くないよ。今日はかっこいい塗り方をします。

　子どもたちを前に呼んで、実演する。

> 初めに黄土色を薄ーく。そのつぎにうすだいだいを濃く。そしてこれは魔法の綿棒ね。魔法の綿棒でくるくるこすると……ほら、いいかんじの色になったでしょう？

ほっぺは、綿棒の先を赤のパスにこんなふうにこすりつけます。それをクルクルとほっぺにつけると……ほんのりピンクになるね。

口は赤のクレパスでぐりぐり塗ると……ほら、口紅みたいでおかしいね。だから、口もほっぺと同じです。ほっぺに使った綿棒で口も塗りましょう。

　これは子どもたち「わあ本当だ‼」「おおー」「本当にほんのりピンクだ！」と驚いて感動してくれる。これも1年生ならではの反応。

　水着・帽子は好きな色で塗る。もちろん最後は綿棒でくるくる、である。

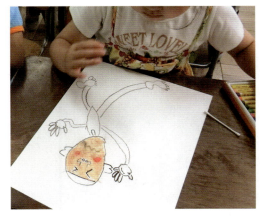

第3幕　シャワーを描いて完成だ！

シャワーを描きます。水が出てくる穴も描きましょう。

長丸を描いて後ろにこうすれば……シャワーになるね。

シャワーが描けたらパスで色を塗る。

> パスでシャワーの水を描きます。でもね、
> こんな人がいました。これはどう？

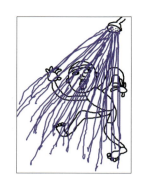

C：やりすぎだよう。
C：顔が見えない！
C：パスの色が濃すぎてぼくが消えちゃうよ。

> そうですね。いくらシャワーの勢いが強かったからと言っても、水を出しすぎるとせっかく上手に描いた「ぼく」が見えないね。
> だから、シャワーの水は薄く描きます。7本だけ描きましょう。

　これは、だいたいの目安であり、教師が見て「ちょっと少ないなあ」と思う子には「あと5本シャワーの水を描きましょう」などと言えばよい。
　具体的な数字を聞くことで1年生もできる。

③ 7月　夏にぴったりのシナリオ

初めての絵の具　あさがおを塗ろう
夢に見たあさがお

　初めての絵の具。「１年生への絵の具指導は闘い」である。ここでの指導がずっと基本となるので心して準備しよう。（原実践　酒井臣吾先生）

> **このシナリオで体験・獲得させたい造形力**
> 絵の具の使い方、人物の描き方、絵の具の彩色

準備物
　絵の具・パス・コピー用紙・色画用紙（黒）・のり・はさみ

指導計画（７時間）
第１幕　お話、あさがおを描く
第２幕　あさがおを塗る
第３幕　あさがおを切る
第４幕　茎と葉っぱを描く
第５幕　人物を描く
第６幕　人物を塗る・切る
第７幕　貼る、仕上げ

第１幕　お話、あさがおを描く
　目を閉じさせてお話をする。

> 　ぼくは、夢を見た。学校であさがおの種を植えたときの夢だ。うーんといっぱいの花が咲いてほしいな。ん？　水をあげるとどんどん伸びていくぞ。あっもうあさがおが咲いた。すごいや、あっちにもこっちにも!!

> しかも、登れそうなぐらい高い。よーし、あさがおに登って遊ぼう。
> 　何をしようかな。お水をあげようかな。木登りみたいにしてあさがおに登って「ヤッホー」って言おうかな。

T：ハイ、目を開けなさい。
T：あさがおでいっしょに遊んでいるところを描きます。
　見本を見せる。

> ピンク・紫・水色のパスを出します。

> あさがおのまるをかたつむりの線で、ゆっくり描きます。
> ようい、スタート。
> 2つ目は色を変えてね。もう一度。
> 3つ目は大きさを変えます。少し大きくしたり小さくしたりします。
> 4つ目はぐにゃぐにゃとして横から見たようにします。
> 5つ目はつぼみを描きます。つぼみの根元は黄緑で、がくを描きます。

このように変化をつける。後はコピー用紙にたくさん描く。

> 白のパスを出します。こんなふうに中にお星さま（キラキラマーク）を描きます。

❸1年12か月：楽しい月別シナリオ

第2幕　あさがおを塗る「初めての絵の具」指導

　初めての絵の具指導。子どもたちは真新しい絵の具セットに目が輝きウキウキしている。しかし、この時間は勝負である。

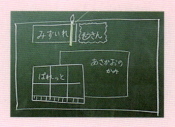

　まず、黒板に次のような図を描き、この通りに準備させる。これだけでも1年生は大変だ。終わったら筆を入れていた筒、絵の具の箱などは絵の具バッグにしまわせる。

机の上には必要なものだけ出させる

　これが必要だ。道具をたくさん使う図工の時間だからこそ必要なものだけを出すようにしたい。水入れの水は半分ぐらい入れる。

> パレットの小さいお部屋に青を出します。親指の爪ぐらい。

赤紫の絵の具を学級で購入し、子どもたちのパレットに配付する。
子どもたちを前に呼んで実演する。

> 　筆をチャポンと水入れにつけて、パレットの大きいお部屋に水を落とします。1回、2回、3回。水たまりができたね。ここへ先生が入れてあげた赤紫を溶かします。
> 　赤紫ジュースになったね。そしてあさがおをこうやって塗ります。

　あさがおはパスで描いているため、水をはじくので塗りやすい。また、星形に塗った白のパスが浮き出てきてより美しい。さらに後で切り取るため、はみ出して塗ってもよいのだ。

　「わあ、きれいー」と、子どもたちは大喜びで「初めての絵の具」を楽しむことができる。あさがおが半分ぐらい塗れたら、また前に呼んで実演する。

65

もう1つの筆を持ちます。また水入れにチャポンとつけて、大きいお部屋に水を落とします。何回でしたか？　そう、3回だね。今度は赤紫と青を混ぜます。ほら青紫になったね。これで塗ります。

「うわあ！　本当だ！」子どもたちは大喜び。このように教師の手元を見せてから、自分でさせる。この時にカサカサ筆・にこにこ筆・泣き虫筆も教える。

カサカサ筆や泣き虫筆にはしません。
にこにこ筆がいいね。

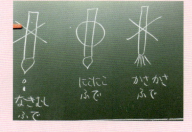

塗るだけならあっという間に終わる。
次は片づけの方法だ。

水入れのじゃぶじゃぶ池でジャブジャブ……と、洗います。すすぎ池でスッスッ。
ここは筆がカサカサになったときに使うちょっぴり池だよ。

筆がきれいになったら、パレットを水道で洗います。その時、蛇口の水はチョロチョロ出しにします。ジャージャー出してパレットを洗いません。

こんな人もいました。手に絵の具を塗ってね……ほら、壁にスタンプ。
こんなことしていいかな？

C：ダメー！
　一言言っておかないと必ず手洗い場に「手形スタンプ」ができる。
　そして実際に手洗い場まで行ってやって見せる。
　私は、家から使い古しの歯ブラシを10本ぐらい持っていき、手洗い場に設置している。これでいつでも使える。

> 洗ったら、ぞうきんできれいに拭いてからカバンに入れます。
> びちょびちょのまま入れたら……カビが生えるよ。そんなの嫌でしょう。

　パレットを洗わずティッシュでふき取り、次回にそのまま使用させる先生もいるが、私はやはり１回１回洗わせたい。常に白いパレットを子どもたちに使わせたいからだ。

　次回絵の具がパリパリに乾いてこびりついたパレット、そこで絵の具を混ぜたらどうなるか……。色が濁るに決まっている。水彩絵の具のよさがこれでは出ない。

　前任校では空き教室が近くにあったので、洗った水入れ・パレット・筆をそこに置いて乾かしてからバッグに片づけていた。ぞうきんで拭かなくてよいので便利。ここは各学校の実態に合わせて片づけてほしい。

　初めての絵の具指導は余裕をもって２時間とっておいたほうがよい。
　終わるとドッと疲れる。
　しかし、ここでの指導がすべての基礎となるのだ。しっかり教えたい。

第３幕　あさがおを切る

　あさがおをはさみで切り取る。
　注意は３つ。

> ①チョッキンチョッキンは床屋さん、チョチョチョとはさみの奥で切る。
> ②紙を回しながら切ること。
> ③大まかに切ってから細かいところを切ること。

　なお、切った後の処理が１年生は大変だ。失わないように名前を描いた封筒などに入れるようにする。

第４幕　茎と葉っぱを描く

> 植木鉢を描きます。みんなの植木鉢は青色だね。青のパスを持ちましょう。

黒の色画用紙（4つ切りを縦半分に切った大きさ）にパスで植木鉢を描く。青が美しく映える。支柱は、茶色のパスでまっすぐ紙の上まで突き抜けるように描く。上まで「突き抜ける」ことが大事。そして黄緑で「つる」を描く。支柱にからみつくようにくねくねを描けばつるになる。

葉っぱを描きます。
描けたら、紙をぐるりと回して
違う向きにします。

またぐるりと回して違う向きに葉っぱを描きます。

　1年生に「いろいろな向きで描きましょう」と言ってもなかなか難しい。ならば、紙をぐるりを回せば自然といろんな向きで葉っぱが描けるのだ。

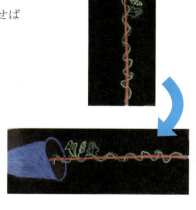

　これをしないと、「すべてが同じ向きできちんと規則正しく並んだ葉っぱ」が出てきてしまう。

葉っぱのおしゃれをします。ほら、くるくるまくと……きれいでしょう。

こう言ってつるをくるくる描いて見せる。

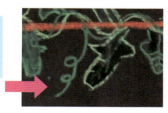

これが1年生にはストンとはまるらしく、つるのくるくるを喜んで描く。つるのくるくるがあると一気にあさがおに見えてくる。

第5幕　人物を描く

Ａ４のコピー用紙を半分に折り、ペンで自分と友達を描く。頭・胴体・手足・つなげる・洋服、といった酒井式の人物の描き方スタンダードで描く。

人物は1人でもよいが余裕があれば2人目にも挑戦させたい。2人目は、顔を逆さまにして描く。

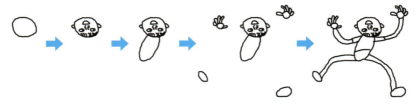

第6幕　人物を塗る・切る

パスで彩色。綿棒でクルクルとこすって伸ばす。洋服の色は自由。

塗れたら、はさみで切る。これも第3幕と同じ。大まかに切ってから細かいところを切ること。

第7幕　貼る、仕上げ

あさがおを貼ります。その時、のり専用の裏紙の上でのりを付けます。
あさがおは、どこか1か所でもいいので「重ねて」貼りましょう。

ほんの少し重ねて貼るだけで絵に「奥行き」ができる。
最後に自分と友達も貼って完成。

③ 9月 夏の思い出を描こう　初秋にできるミニシナリオ

パスで簡単にできるシナリオ
りんごとぶどう

「あめのつぶつぶりんごにはいれ　ぷるんぷるんちゅるん」
　この詩がかわいくてとても好きだ。この詩をもとに自分で詩と絵を描いたらどうか？——これは、そんな考えから生まれたシナリオ。

このシナリオで体験・獲得させたい造形力
　　パスの彩色

準備物
　　コピー用紙（B4）・黒色画用紙（8つ切り）・パス・はさみ・のり・ポスカ（白）

指導計画（全3時間）
第1幕　りんご・ぶどうを描く
第2幕　切る、文を書く
第3幕　貼る、仕上げ

第1幕　りんご・ぶどうを描く
　先生のあとについて読みます。

```
あめのつぶつぶ　ぶどうにはいれ
ぷるんぷるんちゅるん　　ぷるんぷるんちゅるん
おもくなれ　あまくなれ

あめのつぶつぶ　○○○にはいれ
ぷるんぷるんちゅるん　　ぷるんぷるんちゅるん
おもくなれ　あかくなれ
```

○に入る果物は何だと思いますか？　お隣と話し合ってみましょう。

　発表させる。メロン・みかん・いちご・レモン・りんご・すいか、などが出てくる。

ヒント１　今の季節（秋）から冬にかけてとってもおいしいものです。
ヒント２　おもくなれ　あかくなれ　って書いていますね。

Ｃ：わかった！　りんごだ！
Ｔ：そうです。りんごですね。もういちどみんなで読みましょう。
　読んだ後、見本を見せる。

今日はこんな秋の果物であるぶどうやりんごを描きます。
どちらが描きたいか決めましょう。

　コピー用紙を配付。
　りんごは○を描くだけ。小さすぎないように。
上の枝をつけるともうりんごになる。
　ぶどうを選んだ子は少し小さめの○をたくさん描いてぶどうの形にする。簡単なのですぐにできる。コピー用紙に同じ果物を２つ描く。

色を塗ります。ぶどうを選んだ人、前にいらっしゃい。

　こう言って教師のそばへ呼び、手元を見せ、やってみせる。

　ぶどうは、水色・紫・ピンクの３つのパスを用意する。ピンクを薄く塗っておいて、その上に水色と紫を濃く塗る。最後に綿棒でこする。

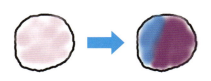

❸1年12か月：楽しい月別シナリオ

　りんごは、赤・オレンジ・黄色の3つのパスを用意する。
　下は黄色を塗っておき、上にオレンジを薄く塗る。その後、赤を濃く塗り重ね綿棒でこする。

　パスで混色し、綿棒でこするだけで美しい色になる。子どもたちは「本物みたい」と喜ぶ。

第2幕　切る、文を書く
　自分が描いた果物を切る。白いところを少し残すときれい。

　別の紙に「りんごって、○○みたい」から文章を考えさせる。「りんごってかわいいね」や「りんごっておいしそうだね」などいくつか、見本を読んであげてから文を書く。ここは絶対に無理はしない。
　「難しかったら、ぷるんぷるんちゅるん、の文をうつせばいいよ」と言う。

第3幕　貼る、仕上げ
　第2幕で切ったりんごやぶどうを黒の色画用紙にのりで貼る。
　貼るときは

> 別の台紙（更紙などの裏紙）の上でのりをつける。端にのりをつける。

をしっかりと教える。最後にポスカの白（三菱UNIのPOSCA）で文を入れて完成。
　1年生の書く詩は、ほのぼのしていてとても素敵。

りんごおいしそう。
りんごっておしゃれだね。
りんごってあまそうだね。

ぶどうちゃん
ぶどうちゃん
かわいくておいしそう
はやくたべたいな

❸ 9月 夏の思い出を描こう　初秋にできるミニシナリオ

パスでできるシナリオ
ぶどう狩りに行ったよ

　秋の味覚であるぶどう。地域によってはぶどう狩りも盛んなのではないだろうか。大粒のぶどうを見上げてどれにしようかなあと見定めているところを描く。これは、ぶどうづくり（工作）と酒井式のコラボシナリオ。

このシナリオで体験・獲得させたい造形力
　人物の描き方（逆さ顔）
　ぶどうの作り方（丸める・包む）

準備物
　コピー用紙（A4）・色画用紙（水色・レモン色・薄ピンク）・パス・はさみ・のり・お花紙（紫・薄紫・黄緑・濃い黄緑・萌黄色）・木工用ボンド

指導計画（全4時間）
第1幕　ぶどうを作る
第2幕　自分を描く・塗る
第3幕　はさみで切る・貼る
第4幕　仕上げ

第1幕　ぶどうを作る
T：お話をします。目を閉じましょう。

　ぼくは、きょうぶどう狩りに行くんだ。ぶどう狩りってね、みかん狩りみたい

> にいーっぱいぶどうがなっているんだって。楽しみだなあ。
> ぼくはみかん狩りの時にみかんを8こも食べちゃったから、食べすぎに注意しなくっちゃ。……と話をしている間にもう着いたよ。
> うわあ、すごい。頭の上が一面にぶどうだらけだ。
> 紫のぶどうも黄緑色のぶどうもいーっぱい‼
> 「あのぶどうがおいしそうだね」とお姉ちゃん。
> ぼくはあっちにしようかな。
> どれを食べようかなあ。

　私は即興でこのようなお話をした。お話はイメージ作りや主語作りもあるため、1年生にはとても有効だ。

> ぶどう狩りに行って「あのぶどうにしよう」と決めているところを描きます。
> 今日はぶどうを作ります。

　こう言って見本を見せる。
C：先生、本物みたい‼
C：ぼく、昨日ぶどう食べたよ‼　そっくり。
　何しろ立体なので本物に見えるのだ。

> お花紙をくるくると丸めます。もう1枚をこうやって包んで……セロハンテープで止めます。ほら、ぶどうができたね。

　お花紙とは、入学式の看板やイベントなどで使われているふわふわの紙のこと。
　紫でも2種類の紫、黄緑も3種類の黄緑色のお花紙を用意しておく。
　作ったぶどうはなくさないように名前を書いた袋に入れて保管。

第2幕　自分を描く・塗る

A4コピー用紙に黒ペンで描く。

> 上を見上げているので、顔を逆さまに描きます。

- 顔を逆さまに描く。
- 胴体を描く。
- ○に人差し指をつけるだけで指をさしているようになる。胴体とつなぐ。
- もう片方の手は「必殺かくしわざ」でかくしちゃおう。

描けたらパスで彩色する。
ポイントは以下の通り。P.60でも述べたが

> **肌の色は黄土色を薄く→うすだいだいを濃く→綿棒でこする**
> **服の色は自由→綿棒でこする**

　肌の塗り方を一度やっておくと、次からはポイントを少し復習するだけでよい。
　「初めは黄土色を薄くだったよね」などと子どもたちは結構覚えている。「よく覚えていたね」と大いに褒める。

第3幕　はさみで切る・貼る

はさみで切る。注意点は3つ。

> ①チョッキンチョッキンは床屋さん、チョチョチョとはさみの奥で切る。
> ②紙を回しながら切る。
> ③大まかに切ってから細かいところを切る。

好きな台紙の色（水色・レモン色・うすピンクの色画用紙）を選んで糊で貼る。

注意は1つ。

台紙の底辺につけて貼ること。何も言わないと1年生は真ん中に人物を貼ってしまう。

> ズボンを描いていないのでズボンは見えないところにあるね。だからここ（色画用紙の底辺→右の赤線部分）に合わせて貼ります。はみ出してもいいよ。ほら、切ればいいね。

第4幕　仕上げ

木工用ボンドをぶどうにつけて色画用紙に貼る。

> ぶどうをみてごらん。テープでとめているほうにボンドをつけます。

細かいところだが言わないと貼ったときにセロハンテープが見えてしまう。

貼れたらつる・葉っぱを描いて完成。

❸ 1年 12か月：楽しい月別シナリオ

❸ 9月 夏の思い出を描こう 初秋にできるミニシナリオ

秋にぴったりのシナリオ
ゆうやけこやけのトンボたち

酒井式で最新のアイテムと言えば「蛍光ポスターカラー」である。蛍光オレンジ・蛍光レモン・蛍光バーミリオンなどの色を使うだけで、ハッと息をのむぐらいの美しい夕焼けが描ける。これをぜひ使わない手はない。そこに1年生らしいトンボを入れて出来上がり。あまりに美しい夕焼けを教師自身が実際に描いて体験してから実施されたい。

このシナリオで体験・獲得させたい造形力
夕焼け空のにじみ技法、トンボの描き方、はさみの使い方、影の描き方

準備物
画用紙（8つ切り）・パス・蛍光ポスターカラー（蛍光オレンジ・蛍光レモン・蛍光バーミリオン）・はさみ・のり・ペン・黒のコピー用紙・白のコピー用紙

指導計画（5時間）
第1幕　お話、空を塗る
第2幕　トンボを描く・塗る
第3幕　トンボを切る
第4幕　トンボを貼る
第5幕　仕上げ

第1幕　お話、空を塗る

T：目を閉じましょう。「ゆうやけこやけのトンボたち」というお話をします。

> 秋のある日のことでした。その日の空は夕焼けで赤く染まり、ところどころ黄色いところもあるそれはそれは美しい夕焼けでした。
> ぼくは赤トンボ。
> スーイスイはやく飛ぶことができるのが僕の自慢なのさっ。
> スーイスイ。スーイスイ。アー気持ちいいなあ。
> あっ向こうから誰か来るぞ！友達のけんちゃんだ。
> 「おーい、けんちゃん。一緒に遊ぼう。オニごっこしよう」
> 「いいよー。あっさっちゃんにヨッちゃん。みんなでいっしょにしようよ」
> こうしてぼくたちはとんぼのオニごっこを始めました。
> 用意、どん！「まてまてー!!」
> 「つかまるもんかーそれっ!!」

T：ハイ目を開けなさい。

> **夕焼け空にトンボたちがオニごっこをしているところを描きます。**

　ここで見本を見せる
C：うわあ、きれい。
T：これがぼくね。
T：これは？　そう、けんちゃん。これはさっちゃん。これがヨッちゃんね。
　見本の空も3種類作っておくとよい。（黄色・オレンジ・赤）

> **赤っぽい空がいいか、黄色っぽい空がいいか、オレンジっぽい空がいいか、3つから選びます。**

　にじみ技法で空を塗る。
　だが、1年生のこの時期に絵の具で空の色づくりは難しい。そのためこちらで色を作ってあげ共用絵の具として使用させる。

幅広の刷毛で水を画用紙全面にどどーっと塗ってから、水が乾かないうちに小さい刷毛で蛍光絵の具のだぶだぶジュースをにじませていく。

第2幕　トンボを描く・塗る

　自由に、好きなようにトンボを描いてごらんと言って描かせるとだいたい1年生は右図のような「蛾」を描いてしまう。
→そして「こんなのトンボじゃない。うまく描けないから嫌だ」となる。
　酒井先生は

教えるべきことはきっぱりと教える。

とおっしゃっている。だからトンボの描き方もきっぱりと教える。
　コピー用紙に黒ペンで描く。

> トンボを描きます。
> トンボの顔の中で一番大きいのは何でしょう？

C：目!!
T：そうだね。目から描きます。

　顔が描けた後、黒板に胸がないトンボを描く。
C：こんなの変ー！
C：あのね、こんなのがあるの（図鑑を出してくる）。
C：こんなのがあって、しっぽがついているよ（図鑑で胸を指さす）。
C：とんぼの羽って4枚だよ。ぼく知っているよ。

> よく知っていますね。その通りです。
> 3年生で習いますが、トンボって頭と胸と腹に分かれているんだね。

胸と腹を描く。
腹はまっすぐでもいいが
ちょっと曲げてもいい。

> 羽は4枚だったね。では羽は頭・胸・腹のどこについているでしょう？

手を挙げさせる。（私のクラスでは胸が多かった。31人学級）
頭……0人
胸……18人
腹……13人
試しに黒板に腹から羽をつけたトンボを
描いてみる。……爆笑。

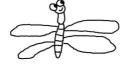

> そうだね。羽は胸についているんだね。

次に、2匹目のけんちゃんを描く。
2匹目は、頭の上から胸を描く。
胸を描く位置を変えるだけでトンボの向き
がいろいろ変化できるのだ。
3匹目のさっちゃん、4匹目のヨッちゃん
も同様に胸・腹の位置をいろいろ変えて描く。

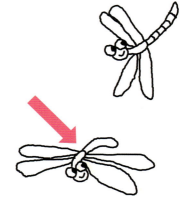

> パスで色を塗ります。魔法の綿棒を使ってクルクル……とこすります。

赤トンボは赤・オレンジ・黄色のパスで塗る。
シオカラトンボにしたい、という子もいたのでそれでもいいことにする。
その場合水色なども使う。黒はこすれると汚れるので最後に塗る。

第3幕　トンボを切る

　はさみでトンボを切る。
　ここで一番大事なのは

> まずは大まかに切ってから、細かいところを切る

ということである。特に1年生には小さいトンボは切りにくい。手先の不器用な子ならなおさらだ。まず、大まかに切ってから細かいところを切ることで少しでも切りやすくなる（もしも間違って切り取ってしまったら、裏からセロハンテープで貼るとやり直せる）。

　切った後はそれぞれの名前を書いた茶封筒に入れる（もらった封筒をリサイクル）。こうすることで「だれ？　このトンボは！」と落としてしまうことやなくしてしまうことがなくなる。

第4幕　トンボを貼る

　まず、黒コピー用紙を切って地面を作り、貼る。水平垂直にならないように。黒があるとすごく映える。

T：ここへトンボを飛ばします。よく見てね。
　黒板に貼った空の絵に、トンボを4匹同じ向きで並んで4匹貼って見せる。

これでいいですね？

C：いい。
C：うーん、ちょっと待って。
　　なんだか並んでいるみたい。

そうです。よく気がついたね。トンボはオニごっこをしているんだから、どんなふうに飛んでいますか？　お隣と話してみましょう。

C：バラバラだよ。追いついてタッチしているかもね。

こんなふうにおいかけっこしているかな？
と、トンボを置いてごらんなさい。

C：これがぼく。これはヨッちゃんにタッチしたところにしようのトンボだよ
C：さっちゃんが逃げているところにしよう。
　お話があると、このように絵に「主語」ができる。このようにトンボを置いてみてから貼る。

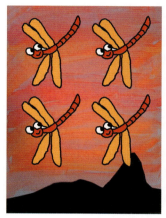

第5幕　仕上げ

トンボの足を描く。
6本全部見えていなくてもよい。
次にトンボの小さく向こうに見えている「ミニ」も描く。
最後に家並み。

> 家は△と□と長四角で描けます。ほら、△と□で家になるね。
> 長四角はビルになるね。窓だって四角を描いたら、ほらね。すぐに描けるでしょう。

こう言って実演するだけで子どもたちは安心する。ただし

> 1つ家を描いたら次は必ずすぐ隣に家を描きなさい。

これだけは念を押す。
　描きたい子は人物を描いてもよい。ただし影なので顔は描かず黒く塗りつぶすだけでよい。これなら1年生にも簡単に描ける。

生活科　虫とりとコラボ
虫に乗って空をとんだよ

昆虫が大好きな1年生の子どもたち。生活科で虫とりに行くと「先生、バッタをつかまえたよ！」と見せてくれる。虫とりの体験後にぴったりのシナリオ。また、絵画展にもおすすめである。

このシナリオで体験・獲得させたい造形力
虫の描き方、人物の動き、空の彩色の仕方

準備物
画用紙（4つ切り）・パス・綿棒・絵の具・刷毛・のり・黒ペン・コピー用紙・はさみ

指導計画（8時間）
第1幕　お話、虫の描き方の練習
第2幕　虫を描く
第3幕　「にじみ技法」で空を塗る
第4幕　虫を塗る
第5幕　ぼく・わたし・友達を描く
第6幕　人物を塗る
第7幕　人物を切る
第8幕　人物を貼る
第9幕　町を描く、仕上げ

第１幕　お話、虫の描き方の練習
　目を閉じさせてお話をする。

> ぼくは学校で虫をつかまえたよ。バッタを５匹も！
> うれしいなあ。
> バッタを持って運動場を走っているとね、どこからか風がひゅーっと吹いてきたんだ。生温かいような、不思議な風。
> それが魔法だなんてぼくは全然知らなかった。
> ハッと気が付くと……
> ん？　なんだこれ。葉っぱじゃないか。
> しかも超大きい。こんな大きな葉っぱあったかなあ。
> うわあ、お化け!!　と思ったらこの黒いおなか。黒い顔。大きな目。昆虫のアリ？
> ……ということは僕たち、体が小さくなってしまったのー？
> どうしよう……
> 魔法にかかってしまったんだ……。
> その時です。
> 「ダイジョウブ」
> 「セナカニノッテイイヨ」
> えっこの声！　もしかしてバッタ君？
> 「ボクノセナカニノリナヨ」
> すごい。この魔法は虫とも話ができる魔法なんだ。
> バッタやトンボと話ができるなんて！
> ぼくはトンボの背中に乗せてもらった。
> うわあ、空から見る景色はいいなあ！
> 僕の家も見える！　すごいや！

Ｔ：目を開けなさい。
Ｔ：虫に乗って空を飛んでいるところを描きます。
　　見本を見せる。
Ｃ：うわあ、先生、すごい！
Ｃ：ぼくは、トノサマバッタが描きたい！

❸1年12か月：楽しい月別シナリオ

C：私はトンボがいいなあ。
　B4コピー用紙を配付。半分に折って裏表で4面を作り①②③④と書き込む。

虫の描き方を練習します。①に自分で好きなように自由に虫を描きましょう。

　1～2分でサッと描かせる。
C：うわあ、変になった！
C：こんなの虫じゃないよ。
T：大丈夫。寺田マジックです。この時間が終わると
　　虫を描くプロになれるよ。

②にバッタの描き方を練習します。

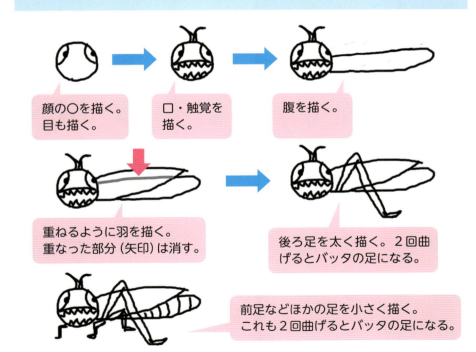

顔の〇を描く。目も描く。

口・触覚を描く。

腹を描く。

重ねるように羽を描く。重なった部分（矢印）は消す。

後ろ足を太く描く。2回曲げるとバッタの足になる。

前足などほかの足を小さく描く。これも2回曲げるとバッタの足になる。

C：うわあ、本物のバッタみたい!!

③にショウリョウバッタを描きます。

　顔を△にするだけでショウリョウバッタになる。なお、腹の先も少しとがらせるとよい。
　オンブバッタは、このショウリョウバッタの上に子どものバッタを描き、背中に乗せるだけでよい。

トンボを描きます。④に描きます。

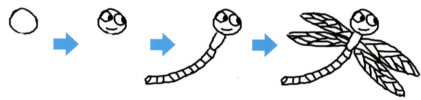

　　〇　→　顔　→　胸と腹（細長く）→ 羽（模様も）と足

①と他を比べてみましょう。

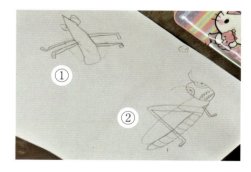

　子どもたちは初めに描いた①と他を比べてあまりの違いに驚く。
　たった1時間でのこの変化は子どもたちに衝撃を与える。

子どもたちは「本当にマジックだ！　すごい！」と自分自身のあまりの変化に驚く。ぜひやってみてほしい。「ぼくも私も描けるんだ！」という自信から、休み時間にもトンボやバッタを自由帳に描きまくる子が増える。

　描くことができてうれしいのだ。

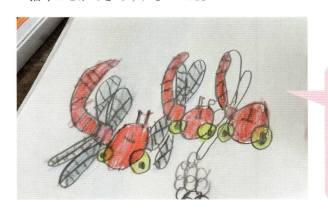

休み時間に自由帳にトンボやバッタをたくさん描く姿が見られるようになる。「見て！　もうぼくトンボを描くのがプロになったよ」とCくん。

第2幕　虫を描く

　4つ切り画用紙に黒のペンで描く。画用紙は縦向きでも横向きでもよい。

　ここで気をつけたいのは「大きさ」である。虫が小さすぎると「虫に乗って」にはできない。そこで

- 頭は必ず画用紙の真ん中よりも上に描く
- 頭は鉛筆で薄く描き、教師がチェック

というようにする。

　教師はひたすら褒め係に徹する。

第3幕 「にじみ技法」で空を塗る

　1年生の10月の段階では、絵の具の授業をたくさんしている学校は少ないと思われる。そのためこちらで色を作ってあげ、数人ずつ順番に共用絵の具として使用させるのがおすすめ。（私の場合は他の子に別の課題をさせておき、数人ずつ前に呼んで共用絵の具で塗らせた。）

　幅広の刷毛で水をどどーっと塗ってから、小さい刷毛（幅約3～4cm）で水色・緑・黄色をにじませる。夕焼けにする子は赤・朱色・黄をにじませる。ポイントは

> 薄く着色。濃くしないこと。
> 水が乾く前ににじませる。（スピード勝負）
> ゴシゴシこすらない。（一発彩色法）

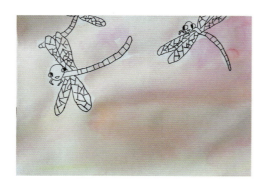

> 幅広の刷毛で一気に水を全面に塗る。（スピード勝負）

> 水が乾かないうちに、黄色・朱色・赤の順ににじませていく。ゴシゴシこすらない。

第4幕　虫を塗る

　バッタはパスの黄土色、緑、茶色、黄緑、黄色などで2色を混ぜて綿棒でくるくるのばす。羽の茶色い斑点模様を入れると、よりトノサマバッタらしくなる。

トンボの羽はパスで水色・ピンク・肌色・紫・ねずみ色などを薄く塗ってから白を濃く塗る。「本物の羽みたい」と子どもたち。

第5幕　ぼく・わたし・友達を描く

　体が小さくなって虫に乗っているのだから、人物が大きすぎてはいけない。
　適切な大きさに描かせるにはどうするか。それは紙の大きさを指定すればよいのである。そこでB4のコピー用紙を4つに折り、①②③④と番号をつけ、

> この枠からはみ出さない大きさに描きます。

とすればよい。
　①に自分を描く。頭・胴体・手足・つなげる・洋服、といった酒井式の人物の描き方スタンダードで行く。

　②には横向きの友達を描く。

> ②は座っているところにします。足を1本だけにするとバッタに座っているようになるよ。

というと「なーるほど」とみんな。
　③は足をクロスにしている子を描く。

④は逆立ちをしている友達。

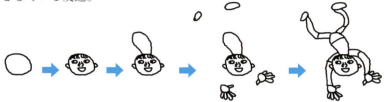

まだ時間があったのでコピー用紙B4の2枚目を配付。4つに折らせる。
⑤に逆さ顔の友達を描く。

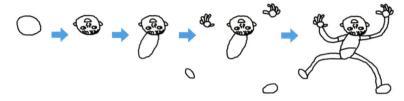

頭を下に描いて胴体を上につけたら自然と逆さまになる。

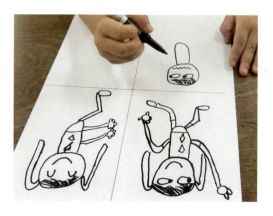

第6幕　人物を塗る

　パスで着色し綿棒でくるくる。綿棒をフル活用。
　肌の塗り方、ほっぺの塗り方はP.60に詳しい。

第7幕　人物を切る

　人物を切るだけで1年生は大変である。1人ずつ名前を書いた茶封筒を用意しておき、切ったものをそこへ入れるようにすると紛失せずにすむ。

第8幕　人物を貼る

　貼る時は別の更紙の上でのりをつけてから貼る。
虫に乗っている子、「おーい」と叫んでいる子、足につかまっている子、下に落ちそうな子……人物を貼ることで絵にストーリーが生まれてくる。

第9幕　町を描く、仕上げ

　小さく家を描く。大きく描いてしまうと空の高さが出ない。
　町並みは三角と四角と長四角で描けるからと言ってやってみせると1年生でも安心する。
　1軒描いたら次は必ず隣にくっつけて描く。

　後ろに山を描くと遠近が出てさらによくなる。1年生でも打率10割「虫に乗って空をとんだよ」ぜひ!!

❸ 1年 12 か月：楽しい月別シナリオ

③ 10月 じっくり描く！ 図画展に向けてのシナリオ

2学期 絵画展におすすめ
きょうりゅうとお散歩した夢

　1年生の子どもたちはきょうりゅうが大好き。特に男の子は絵本をよく見ていて、「これは〇〇ザウルス」などと詳しい。そんな大好きなきょうりゅうの背中にのってお散歩できたら、どんなに楽しいだろうか？　何をしようかな？
　これは、子どもたちの夢を叶えるシナリオ。
　（原実践　酒井臣吾先生）

このシナリオで体験・獲得させたい造形力
　きょうりゅうの描き方、人物の動き、大小、空のにじみ技法、絵の具の彩色

準備物
　画用紙（4つ切り）・パス・黒のコピー用紙（中厚口・4つ切り）・綿棒・絵の具・黒ペン・蛍光絵の具（黄色・オレンジ）・はさみ・のり・コピー用紙（B4・A4）・刷毛

指導計画（10時間）
第1幕　お話、きょうりゅうの練習
第2幕　きょうりゅうを描く
第3幕　きょうりゅうを切る
第4幕　背景を描く
第5幕　空を塗る
第6幕　地面を塗る

第7幕	きょうりゅうを貼る
第8幕	自分を描く
第9幕	人物を塗る
第10幕	人物をはさみで切る
第11幕	きょうりゅうの模様を描く、口の中を塗る
第12幕	人物を貼る、仕上げ

第1幕　お話、きょうりゅうの練習

T：目を閉じなさい。お話をします。

> ぼくは、夢を見ました。
> 夢の中でぼくは、大昔に来ていました。
> 「おおー、あっちにもこっちにもきょうりゅうがいる!!　大きいなー」
> 「あれはティラノサウルスだ。本で見たきょうりゅうがいっぱいるぞー」
> 「あっ近づいてきた!!　どうしよう……!!」
> 「ダメだ、食べられるー。そうだ！」
> ぼくは秘密道具を出した。ドラえもんの道具にもあるような桃太郎印のきび団子だ。
> これを動物に食べさせるとその動物がやさしくなって、人間と仲よくなりお話しできたりすることができるんだ。
> 「エーイッ！」
> ぼくは団子を１つ投げた。パクッ！
> きょうりゅうが食べた！
> すると……怖い顔だったきょうりゅうがやさしい顔になり、ぼくときょうりゅうは友達になったんだ。
> きょうりゅうが言った。
> 「背中に乗せてあげるよ」
> わーい!!　きょうりゅうの背中に乗ってお散歩だあ!!

（夢というのはまさに超便利。夢だから何でもアリなのだ。きょうりゅう時代に行くのも秘密道具を出すのも「夢」だから何でもOK）

T：ハイ、目を開けなさい。
T：きょうりゅうの背中に乗ってお散歩しているところを描きます。
　（見本を見せる）
T：これはね、背中に乗ってジャンプしたんだよ。
T：この子は、うわあ落ちるーってしがみついているところ。この子はね、
　　ルンルンルンって歌を歌っているのよ。
C：うわあ、先生。すごい。
　他にも見本を見せる。やはり、自分で事前に描いておくことが最低条件だ。それらの作品を見せて、こういうのが描きたいなあとイメージを持ってもらうことが大切である。

でも、いきなり描きなさいと言われても難しいので、今日はきょうりゅうの描き方を練習します。いくら失敗しても大丈夫だからね。

　こう言ってＢ４のコピー用紙を配付する。
　４つに折らせ①②③④と番号を付けさせる。

①にきょうりゅうを自由に好きに描きましょう。

　２〜３分で描かせる。
C：えー無理！
C：描けないよー。
と子どもたち。
　どうひいき目に見てもきょうりゅうには見えないものばかり。

大丈夫。マジックです。この１時間が終わるとみんなきょうりゅうを描くプロになっているからね。

　こう言って②にきょうりゅうの基本形を描かせる。

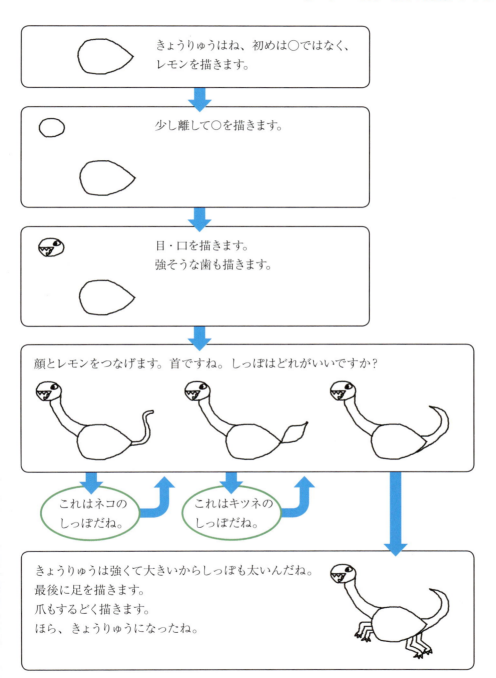

C：うわあ、描けた！
と子どもたち大喜び。ちなみに前述の①の子は②でこのようになった。この変化は大きく子どもたちに衝撃をもたらす。

　続いてテンポよく③に描く。
T：初めは何でしたか？
C：レモン。
T：よく覚えていました。次に何でしたか？
C：頭のまる。

> 今度は口を反対側に描いてみましょう。
> すると……後ろを向いているようになるね。

C：うわあ、本当だ！

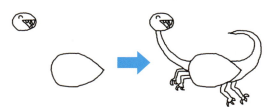

　④も同様。
T：初めは何でしたか？
と聞いて褒めていく。
C：レモン。
T：そうだったね。次に何でしたか？
C：頭のまる。

　このへんになるとすっかり描き方を覚える。
　④は背中にステゴサウルスのとげとげのようなものを描く。
　このように、変化のある繰り返しで進む。

> ①は自由
> ②は、基本型
> ③は、顔の向きを変化させる
> ④は、背中のとげ

❸ 1年12か月：楽しい月別シナリオ

①と④を比べてみましょう。

C：うわー！ ①って変!!
C：ぼく、こんなにうまくかけたの初めて!!
C：きょうりゅうってこう描いたらいいんだ!!
C：本当に寺田マジックだね。

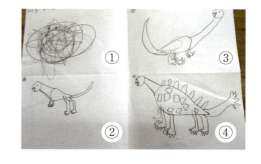

（寺田マジックと勝手に名付けて私がよくしている手法なのだが、自由に好きに描いた①と、酒井式で描いたものとの違いはすごく大きい。その差に子どもはビックリする。わずか1時間の授業で子どもたちはきょうりゅうを描くのが得意になるのである。）

＊**おまけ** このクラスでは「プテラノドンがどうしても描きたい！」という子がいたので⑤として裏にも描いた。プテラノドンを打率10割で1年生に描かせる方法はどこにもない。そこで描き方を開発した。ポイントは「洗濯ばさみ」である。

| 洗濯ばさみを描きます。 | 目と歯を描いて、なすび（胴体）を描きます。 | 足をぶらーんとぶら下げます。 | 羽をつけると、プテラノドンになったね。 |

これだけ異質だが、「洗濯バサミ」というと1年生でも描ける。

第2幕　きょうりゅうを描く

いよいよ黒いコピー用紙に描く。ここは、紙の大きさと厚さにこだわってほしい。だいたい子どもは紙よりも小さく描いてしまいがちである。それは大きく描くのは不安だからだ。

酒井先生は言う。

小さい紙に描かせるとどうしても小さくなる。

主役のきょうりゅうが小さいとどうしようもない。よって、黒いコピー用紙は背景の画用紙と同じ大きさにする。
　また、黒コピー用紙の厚さは中厚口がよい。薄いものは、のりで貼るとぶよぶよしてしまう。「中厚口」といっても、画用紙よりは薄いので貼っても凸凹感は少ないから大丈夫。

> 今日は黒い紙に描きます。
> はじめに何でしたか？　「レモン」そうですね。よく覚えていました。
> だいたいこのくらいにしようかな……と指でなぞってごらん。

　念のため鉛筆でレモンを描かせ、チェック。指でなぞったとしても実際に描いてみるとレモンが極端に小さい子がいる。ここが小さいとどうしようもない。
　言って聞かせて、確認して、指でなぞって、それでも小さく描いてしまう子がいるのが１年生。そういうものだと思えばこちらの気も楽だ。今ならやり直せる。
　その後、ポスカ（三菱UNIのPOSCA）で、頭、首、しっぽと描く。第１時で練習しているので少し復習するだけでよい。（ポスカは人数分購入しておく。）

> 後でこれをはさみで切ります。
> その時になくさないように「ここは首、ここは体、ここはしっぽですよ」とすぐわかるように書き込みます。自分の名前も書きましょう。

　「赤ちゃんきょうりゅうも描きたい」という子には、余ったスペースに描かせる。

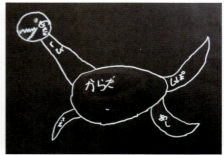

第3幕　きょうりゅうを切る

はさみで切る。切るときのポイントは2つ。

①チョッキンチョッキンは床屋さん、チョチョチョとはさみの奥で切る。
②はさみを動かさずに紙を動かしながら切る。
③大まかに切ってから、細かいところを切る。

③をとくにしっかり教えないと子どもたちはできない。

ここはきっぱりと教える場面だ。

切ったものはなくさないように新聞紙に一人ひとりはさんでおく。

なお、酒井先生の原実践では首・足・頭すべてをバラバラに切り落としている。

しかし、1年生31人全員がこの活動をすると「どれがゴミでどれがパーツかわからない」「間違ってパーツをごみ箱に捨ててしまった」「ボクの足が1本どこかに落としてない」という悲惨な光景がありありと目に浮かぶ。

酒井先生は言う、

目の前の子どもに合わせて柔軟に対応すればいい

と。

だから、私の場合は

まず、きょうりゅうの形に切る（首や足はまだ切り落とさない）。それを新聞紙ファイルにはさむ。

ここまでで1時間とした。パーツをいろいろと置いてみてから実際に貼る日まできょうりゅうの形のまま保管しておくのである。これだと「ぼくの（きょうりゅうの）足が1本ありません」などということがなくなる。まとめると

「切る」、「貼る」という活動は、1年生は別々の時間に行うほうがよい。そうしないと切ったゴミと、貼るものがごちゃごちゃになってしまう。

切るだけなら 15 分もあればできる。貼るだけもそのぐらいあればできる。だから 1 時間でできるのだが、1 年生にそれをさせると絶対に失敗する。ぜひ別々の時間にしていただきたい。

第4幕　背景を描く

鉛筆で地平線や山を描く。
真ん中よりも下のほうに地平線を描くこと。

背景を鉛筆で描くだけなら 10 分程度で終わる。ここは思い切ってこれで終わり。

第5幕　空を塗る

青空か夕焼けかを選ばせ、にじみ技法で塗る。

「虫に乗って空をとんだよ」シナリオでも述べたが、1 年生の 2 学期の段階でにじみ技法を一斉授業でするのは難しい。そのため数人ずつの個別指導が望ましい。こちらで色を作ってあげ、数人ずつ前に呼んで空を塗らせるのだ（他の子には別の課題をさせておく）。幅広の刷毛で水をどどーっと塗ってから、小さい刷毛で水色・緑・黄色をにじませる。夕焼けにする子は小さい刷毛で赤・蛍光オレンジ・蛍光レモンをにじませる。

ポイントは

薄く着色。濃くしないこと。
水が乾く前ににじませる。
（スピード勝負）
ゴシゴシこすらない。（一発彩色法）

第6幕　地面を塗る

地面を塗る。今度はにじみ技法ではないので、一斉に指導する。

> **板書**
> ・パレットにみどり・きみどり・おうど色をだす。
> ・大ふで・中ふでをだす。
> ・なきむしふででぬる。「うすく」

クラスの半分ずつ前に呼んで実際にやって見せる。

大筆をチャポンと水入れにつけて、パレットの大きいお部屋に水を落とします。1回、2回、3回……7回。水たまりができたね。ここへ緑を溶かします。そしておうど色もちょっと入れます。この筆はそのまま洗わず水入れの上の筆置き場へ置きます。次に中筆で同じように7回水を落とします。
今度の水たまりには黄緑を溶かします。そして、おうど色もちょっと溶かします。この2つの色で薄く塗ります。

ポイントは「薄く」。しかし、薄くと1年生に言ってもわからない。具体的に水をパレットに何回落とす、と言うことで全員が「薄く」塗ることができる。海の子は青の絵の具で海部分を塗る。

第7幕　きょうりゅうを貼る

きょうりゅうを画用紙の上に置きましょう。
どう置いたらいいかな……？　といろいろ考えます。
足を付け替えたい人はこうやって足を切って……別の場所に張り替えるといいね。首もしっぽも同じです。切って別の場所に付け替えることができるね。

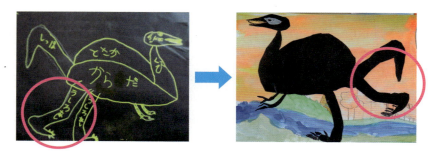

　上の子は、後ろ足を切り取り付け替えた。結果、躍動感のあるきょうりゅうになった。貼れたら、目をポスカの白、口をポスカの赤で塗る。
　ポスカの白で白目を塗り、ポスカの赤で口の中を塗るだけで……きょうりゅうらしさがグーンと出てくる。

第8幕　自分を描く

　自分を描く。
　コピー用紙B4を4つに折り、①②③④と番号をつける。
　①に自分を描く。
　頭・胴体・手足・つなげる・洋服、といった酒井式の人物の描き方スタンダードで行く。

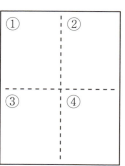

②には横向きの友達を描く。

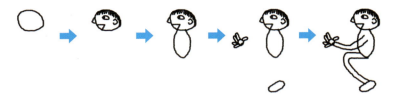

②は座っているところにします。だから足は……そう、1本しか見えないね。

③は反対向きに座っている友達を描く。
④は逆立ちをしている友達。

まだ時間があったのでコピー用紙B4の2枚目を配付。4つに折らせ⑤⑥とする。
⑤に逆さ顔の友達を描く。

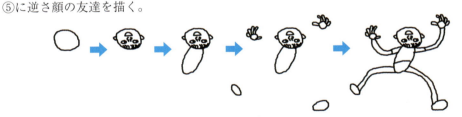

⑥は「猫が描きたい」と言う子がいたので猫を描く。

「きょうりゅう時代に猫？」と思ったが「まあ、現在から連れて行ったことにすればいいか」とよしとする。夢だもんね。なんでもあり。

第9幕　人物を塗る

　色を塗る。もちろん魔法の綿棒を使って。
　服の色は自由。
　肌の色はP.60を参考にしていただきたい。

第10幕　人物をはさみで切る

　次は「切る」。
　注意は第3幕でも述べた3つだ。
　切ったら、名前が書かれた茶封筒（A4サイズの封筒）に入れて保管。

第11幕　きょうりゅうの模様を描く、口の中を塗る

　ポスカで模様を描く。
　模様は自由である。◇や○や線や六角形や……様々なアイデアをたくさん褒めよう。ポスカは白・黄色・水色・ピンク・赤・緑を用意し、どれでも好きな色1色を使ってよいことにする。足の部分にもしわを入れるとよりリアルになる。

第12幕　人物を貼る、仕上げ

　「こっちにしようかな」「こっちがいいな」といろいろ置いてみてから貼る。貼るときは、のり専用の更紙（プリントの裏紙など）でのりを付ける。

❸ 1年12か月：楽しい月別シナリオ

　きょうりゅうの足やしっぽにしがみつくように貼っている子、「落ちるー」ときょうりゅうから落ちそうになる人物を貼っている子、首に座って「ヤッホー」と言っているように貼っている子、様々だ。大いに褒める。

　また、ここからは全く自由である。トンボを飛ばしたり、お花、木、気球を描いたり、赤ちゃんきょうりゅうを入れたり、怪獣のように火を噴いたり……子どもの個性が出る。教師は驚いて、褒めて、感心し続けてあげよう。

　完成後の参観日。子どもたちはお家の人の袖を引っ張っていき「ママ、これがぼくの描いたきょうりゅうだよ。上手でしょう」などと得意げに見せる姿が見られた。保護者はもちろんスマホで写真をバシバシ……であった。

酒井先生からいただいたコメント（SNSより）
怪獣の形の多様性、模様の多様性、子どもたちの多様性、など。
子どもたちを生かす指導は寺田先生の独壇場。子どもたちの嬉しい顔が眼に見えます。

❸ 1年12か月：楽しい月別シナリオ

酒井式鑑賞会

絵が完成したら鑑賞会をしよう　クラスもまとまる

　子どもたちが全力をこめて描いた絵が完成した。これをそのまま後ろに掲示するだけでは非常にもったいない。ぜひ観賞会をしていただきたい。
　鑑賞会をするとクラス中褒め言葉であふれ、どの子も褒められてさらに満足度が増すことは間違いなし。
　酒井式鑑賞法を短冊形式に発展させた「酒井式鑑賞会」を紹介する。

準備物
　短冊（更紙を8分の1に長細く短冊状に切ったもの）500枚ほど（枚数はクラスの人数によって調節）

授業の流れ
　黒板に「かんしょうかいをしよう」と板書する。

> みんながんばって描いた絵が完成しました。本当にすごいと思います。
> これからみんなが描いた絵を全員で「鑑賞」します。
> 「鑑賞」というのはね、その絵のよいところを見つけることです。

　黒板にランダムに絵を6〜7枚貼る。

> この中でいいなと思う絵はどれですか。
> 1つ選んで手を挙げます。

❸ 1年12か月：楽しい月別シナリオ

一番人数が多かった絵について次のように言う。

> この絵にあげた人、どんなところがいいなと思いましたか？

「きょうりゅうのもようがとてもきれいに塗ってあるからです」
などと理由を発表させる。

> 天才！

といってニコニコして褒める。
　次の子を指名。これも「超天才！」と満面の笑みで褒める。
　すると次々と手が挙がり、よいところが発表される。
　これも「先生もそう思っていました。天才！」「鑑賞のプロだね」などと褒める。
　このようにして1枚につき数名発表させる。
　その後誰も手を挙げなかった絵を指してこう言う。

> 先生はこの絵のいいところもう10こ見つけたよ。

と挑発する。するとその絵のよいところが次々と発表される。これをまた「超天才！」などと褒めればよい。みんながどんどん手を挙げだしたらこう言う。

> 今からは発表するのではなく、このように短冊に書きます。

　短冊を1人5枚ずつぐらい配付。短冊は右図のように

○○さん　かたつむりのせんでかけているね。

などと1枚につき1人の絵のよいところを描く。
　5〜6分たつと黒板の絵を貼り替えて、次の絵を貼り今度はいきなり短冊に書く。

○○さん
空のぬりかたがとてもうまいです。

そしてクラスの人数にもよるが35人学級なら7枚ずつ黒板に貼り5〜6分で入れ替え、全員の絵を鑑賞する。

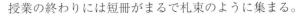

これは子どもたちは燃える。「全員分を描く！」と張り切るやんちゃ坊主。

「紙が無くなったので下さい」という声があっちからもこっちからも……。

授業の終わりには短冊がまるで札束のように集まる。

次の時間の初めにみんなで数えるのもこれまたクラスが盛り上がる。

300枚、400枚と増えるにつれて熱狂状態になる。

> みんな、こんなに友達の絵のいいところを見つけられたね。
> とてもすばらしいです。

大いに褒める。もちろん学級通信でも褒める。

短冊の処理はいくつか方法がある。

① 1枚の絵につき7〜8枚の短冊を選んで絵の裏から貼り、掲示する。

これだと見る人は、絵を見て、その絵のいいところ短冊も両方鑑賞することができる。参観日などにおすすめ。

② 作業が少し煩雑だが個人別に仕分けをしてホッチキスでとめる。（極端に枚数が少ない子は今までになかったが、もしある場合は教師が短冊を書いて追加してあげるとよい）

それを子どもたちに返す。

❸ 1年 12 か月：楽しい月別シナリオ

友達が書いてくれた「自分の絵のいいところ短冊集」を読む子どもたちはとてもいい表情をする。

また、懇談会で保護者に渡すのもおすすめ。保護者は我が子の短冊の束をじっくりと読みながら「いいですね」「うれしいです」と笑顔で帰られる。

酒井先生は言う。

絵は子どもの「総体」の反映だ。子どもの「全人格」の反映といってもいい。だからそれを褒めることは、その絵を描いた子の「総体」「全人格」を褒めていることになる。（それに近い）
　これは経験した人ならだれでもわかる。まさに天にものぼる心地がする。
　これは自分がその絵に精魂をこめた場合ほど強烈だ。
（中略）
　自分の感性に響いてくるものを他人の作品から発見することは鑑賞力の基礎基本だ。それがわずかな時間で鍛え、磨きあげられるわけだからこんなに気持ちのいいことはない。
　気持ちがよい——といえば、級友の絵を褒めていくうちに、すっかりいい気分になって、その級友も好きになる。
（『教室ツーウェイ』2001年1月号　明治図書出版）

酒井式鑑賞法はクラス作りにもよい影響を及ぼす。
ともに熱中して集中して取り組んだ絵。困難を克服しつつ、ついに完成した喜び。この共通の体験がクラスにあるからこそこの鑑賞法が生きてくる。
ぜひ、作品が完成したら鑑賞会をしていただきたい。

3 11月 1年生大喜び！ おすすめ紙工作

1時間ででき、どの子も成功する工作
見たこともない顔（ハロウィンバージョン）

　どの子もでき、みんなが成功する「見たこともない顔」。これは、佐藤式工作「見たこともない顔」のハロウィンバージョン。ハロウィンの時期におすすめ！　たまにはこんなものいかが？

> **このシナリオで体験・獲得させたい造形力**
> 　はさみの使い方

準備物
　色画用紙（黒・オレンジ、それぞれ8つ切り）・はさみ・のり・セロハンテープ・鉛筆

授業の流れ（45分）

> もうすぐハロウィンですね。今日はこんなかぼちゃを作ります。

C：うわあ、先生、すごい。
C：おもしろそう！
C：早くやりたい！
　子どもたちは大喜び。
　オレンジ色の色画用紙を配付。

> 半分に折ります。ピラピラ開いているほうを廊下側に向けます。

❸1年12か月：楽しい月別シナリオ

ピラピラ開いている方を廊下側に

ここは子どもたちに絶対に失敗させてはいけない。
ここを間違ってしまうともう顔ができなくなってしまうからである。そこで

お隣の子の画用紙の向きが正しいか見てあげましょう。

と確認させた後、最終は教師が見て回って向きが正しいかをチェック。
二重にチェックすることで間違いが防げる。

かぼちゃの上は丸くてポヨンとしていますね。窓側のほうから、ポヨンポヨンと鉛筆で描きます。

折っている方
から描く。

ポヨンポヨン
シューと下がるよ。

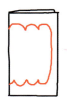

ポヨンポヨンポヨン♪
擬音語でかぼちゃを表現すると
わかりやすい。

> 時々、こんな人がいます。これはどう？

C：先生、だめだよ。
C：小さすぎるよ。
　1年生の子どもたちは口々に教えてくれる。

> そうだね。小さすぎるとよくないね。ではこれはどう？

C：先生、2こできるよ。
　工作が大好きなDくんが答えた。
　実際に切って見せる。
C：うわ、本当だ。2こできる。

> そうですね。
> 折った線からスタートして、また必ずここまで戻ってこないといけません。

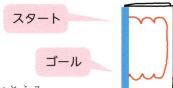

ここは、間違ってはいけない。しっかりとおさえる。

> 鉛筆を持って。ポヨンポヨンがスタートします。ようい、スタート。

　ここまでしっかりおさえていても、小さすぎる子が出てくる。それが1年生というもの。机間巡視してチェックする。

> 口はカックンカックンです。

口はカックン
カックンだよ。

これも、折った線からスタートしてまたそこへ戻ってくる、という点は同じ。カックンが難しい子は普通の口でもよい。

鼻・目を描きます。

目は1つだけだね。鼻は半分だけ描きます。

この線の上を後ではさみで切ります。
でもね。目のところだけ、はさみで切れないのです。
だから、お助けの線を1本引きます。

お助けの線（青線の部分）を引く。

ここで、子どもたちを前に集めて実演をする。はさみの使い方も含めてである。

そうでないと、早く切り終わった子はすることがなくなり、「先生、次はどうするの」と質問攻めをしてきて、てんやわんやとなるからである。

今日は、線の上だけを切ります。他は切ってはいけません。
切る時は紙を動かします。はさみは動かさないよ。ほら、こんなふうに。
切ったら、鉛筆の線が残っている方を表側にします。目のお助けの線がピラピラするでしょう。お助けの線の上をセロハンテープでとめます。裏返してきれいな方が見えるように折ります。そして、○のところにのりをつけて膨らんでいるように黒い紙に貼ります。

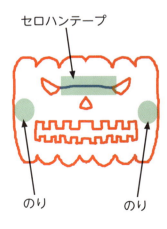

もう一度確認する。

「はさみじゃなくて紙を動かして切るのだったね。切ったらお助けの線の上をセロハンテープでとめる。裏返して折る。そして、のりはどこだった？　そう、○のところだけだね」

このようにおさらいをする。おさら
いはとても重要。今見たはずなのに、
やはり忘れてしまう子もいるのだ。そ
れが1年生というもの。おさらいをし
てから切らせる。

特にカックンカックンのところは、切るのが難しい。紙を回しながら切っている子を大いに褒める。

お助けの線の上をセロハンテープでとめ、裏返して折る。

黒の色画用紙に立体的に貼って完成。後ろに掲示すると壮観である。
1年国語光村10月教材の「くじらぐも」と↓

③ 12月 1年生でもできる！ スパッタリング

夢いっぱいのシナリオ
ハッピーバースデー

自分の誕生日。それはやっぱり特別な日だ。ケーキを前にしてハッピーバースデーの歌を歌ってもらっているところを描こう。

誕生日でなくても、クリスマス会のケーキでもすごく素敵だ。

1年生が描く夢いっぱいの「世界一おいしいケーキ」に感動できるシナリオ。

（原実践　酒井臣吾先生）

このシナリオで体験・獲得させたい造形力
ケーキの描き方、顔の描き方、手の描き方、はさみ・のりの使い方

準備物
色画用紙（黒・8つ切り）・パス・蛍光ポスターカラー（蛍光レモン・蛍光オレンジ）・はさみ・のり・ペン・白のコピー用紙・ポスカ

指導計画（全7時間）
第1幕　ケーキを描く・塗る
第2幕　顔・手を描く
第3幕　顔・手を塗る
第4幕　顔・手・ケーキを切る
第5幕　貼る、ろうそくの光を塗る
第6幕　テーブルクロスを塗る
第7幕　テーブルクロスの模様を描く

第1幕　ケーキを描く・塗る

見本を見せる。

> 今日はね、世界一おいしいケーキを描きます。
> 先生は、お誕生日にこのケーキを食べているところを描いたよ。
> こっちはクリスマスにケーキを見てウキウキ気分のところだよ。
> みんなはどんなケーキがいいかな？　お隣と話し合ってみましょう。

C：私はいちごがたっぷりのケーキにしようかな。
C：ぼくはクリスマスケーキがいいな。チョコの家がのっているケーキ。
　コピー用紙にペンで自分の一番描きたいケーキを描く。

> 長まるを描いて、下にまっすぐ伸ばします。ほら、ケーキになったね。

> 難しいなあという子は、長四角と長四角をくっつけるだけでいいよ。

長四角と長四角をくっつけるだけ。「かんたーん！」と子どもたちは喜ぶ。ケーキの土台ができたら、いちご・クリーム・ろうそくなどを好きなように描く。クリスマスツリーをケーキに乗せる子や、チョコの家を描く子もいる。

子どもたちの工夫を大いに褒めよう。その後、パスで彩色。綿棒でこする。色は次の条件を守れば自由。

> 白いクリームのところは何も塗りません。紙が白いからね。

❸ 1年12か月：楽しい月別シナリオ

ろうそくの火のところも、後で塗るので塗りません。

　ケーキを描くのは子どもたちは本当に喜ぶ。「おいしそうね」「先生も食べたいわ」と大いに褒めよう。

第2幕　顔・手を描く

ケーキを見て、喜んでいる自分の顔を描きます。
（A4コピー用紙を半分に折って）この中に描きます。

　「でもね、こんなのはどう？」と言って小さすぎる顔を描く。
C：だめー‼　小さすぎてだめ。
T：そうだね。じゃ、これは？
　と言って紙の幅いっぱいの顔を描く。

C：それじゃ、手が描けないよ‼
T：そうだね。大きくと言ってもこれじゃ大きすぎて手も描けません。
T：自分のグーを紙においてごらん。
T：このぐらいに描きます。
　顔の描き方はP.36に詳しい。鼻→口→目・眉毛→輪郭→耳→髪の毛……と順番に描く。顔がかけたら次に手を描く。これも、P.33の「手の描き方」で行う。1学期に顔の描き方、手の描き方をやっておくと「先生、次は口でしょう。覚えているよ！」などとここはスムーズにいく。

125

1人が描けたら次に友達を隣に描く。早くできた子は2枚目に横向きの顔も描くとよい。

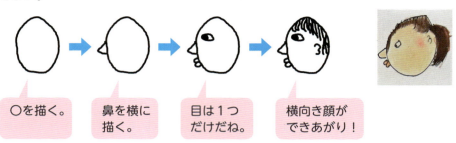

○を描く。

鼻を横に描く。

目は1つだけだね。

横向き顔ができあがり！

　酒井先生の原実践では、炎の周りの人物の胴体は「ゆうれい」にして、腰のあたりで消えるように絵の具を調節して彩色している。
　しかしこれは1年生には難しいので人物は胴体を描かず顔・手のみとする。

第3幕　顔・手を塗る

　子どもたちを前に呼んで実演。

初めにパスの黄土色を薄ーく。その上にうすだいだいを濃く塗ります。そして、魔法の綿棒だね。こうやってくるくるのばします。
ほっぺと口の中は綿棒にパスの赤色を付けてからそれで塗ります。
髪の毛はこげ茶で軽く塗って綿棒でこすります。

　子どもたちは髪の毛といえば黒と思い込んでいる。しかし黒はすぐにこすれて汚くなる。顔の部分まで波及してくるので1年生には黒のパスはなるべく避けたい。そのため、こげ茶で髪の毛を塗り綿棒で伸ばすのが無難である。

第4幕　顔・手・ケーキを切る

切るときのポイントは3つ。

①チョッキンチョッキンは床屋さん、チョチョチョとはさみの奥で切る。
②はさみを動かすのではなく、紙を動かして切る。
③大まかに切ってから細かいところを切る。

切ったら自分の名前が書かれた茶封筒に入れる。
袋に名前が描いてあるので切り取った手や顔のパーツを失うこともない。
他の学年なら「切って、貼る」も1時間でできるかもしれないが、切るだけでその日の図工は終わりにするほうがよい。

1年生、集中力がすぐ切れるのでちょっとずつちょっとずつ。

第5幕　貼る、ろうそくの光を塗る

まず、黒画用紙に鉛筆でテーブルの線を薄く描く。真ん中ぐらい。

ケーキを置いてみるよ。これでどう？

C：ダメー！　浮いているよ。

そうですね。ではこれではどう？

C：なんか変だよ。下すぎる……。

そうですね。テーブルの上に置かれているようにケーキを置いてごらん。

　大人にとっては当たり前のようなことも、1年生にはきちんと確認しないと、せっかくのケーキを浮いたように貼ってしまう子が必ず出る。

教師がわざと間違え、変化のある繰り返しで正しい場所に気づかせていく。
次に人物を貼る。貼るときのポイントは２つ。

①こうしようかな？　といろいろ置いてみてから貼る。
②のり専用の台紙（プリントの裏紙などいらない紙）の上でのりをつける。

である。
　この後、蛍光の黄色で炎を塗る。「蛍光レモン」という色のポスターカラーだ。ろうそくの周りがぼんやりと光っているように塗る。混色はないので１年生でも簡単。子どもたちは蛍光レモンという特別な色にうっとりする。

第６幕　テーブルクロスを塗る

　塗りたいテーブルクロスの色を選ばせる。

青・藍色・緑・紫から選んでパレットに色を出します。

　（これは赤やピンク、黄色といった暖色ではなく青や藍色などの「寒色」にする。この絵の主役はケーキだ。ケーキを目立たせるためにはテーブルクロスが目立ってはいけない。だから青、藍色、緑や紫といった寒色で塗る。
　なお、紫だけモーブという紫色のポスターカラーをパレットに出してあげる。これなら紫色を作らなくてもよい）

❸ 1年12か月：楽しい月別シナリオ

子どもたちを前に呼んで実演をする。

大筆を水入れにチャポンとつけて、水をパレットの大きいお部屋に落とします。1回、2回……全部で5回。水たまりができたね。そこへ小さいお部屋に出した絵の具を全部溶かします。先生は青でやってみるよ。ほら、青のジュースができたね。これで塗ります。

ろうそくの中心の部分は「蛍光オレンジ」で塗る。少量ずつ教師がパレットに入れてあげる。これはチョンチョンとろうそくの中心を塗るだけなので、すぐにできる。

第7幕　テーブルクロスの模様を描く

　テーブルクロスの模様は、セミナーでは絵の具の細筆で描いたが、これも1年生は難しい。太くなって線がつぶれるのが容易に予想できる。
　最初から私の頭には「ポスカ」。三菱 UNI の POSCA。それしかなかった。
　ポスカで模様を描く。
　まず、見本をいくつか見せる。

テーブルクロスの模様を見て気づくことはありませんか。お隣と話し合ってみましょう。

C：チェックだったらずっとチェック模様だよ。
C：葉っぱも、レースもきれいだなあ。
C：水玉と線が交代に描かれているよ。

そうだね。よく気づきました。自分が描きたいテーブルクロスの模様を描きます。

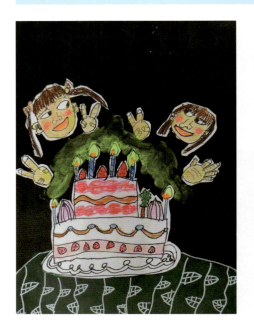

1年生でもできる！ スパッタリング
クリスマスの夜

　クリスマスの夜。これは1年生にとってワクワクドキドキがたまらない日ではないだろうか。そんな素敵なクリスマスの夜をスパッタリングで表現しよう。スパッタリングは1年生でも十分できる。その美しさに子どもたちは驚く。

> **このシナリオで体験・獲得させたい造形力**
> 　スパッタリング

準備物
　色画用紙（黒・藍色・濃い緑、それぞれ16切り）・はさみ・のり（貼ってはがせるのり）・使い古しの歯ブラシ・絵の具・コピー用紙・鉛筆・折り紙（黄色・金色）・綿棒・ポスカ

指導計画
第1幕　お話、台紙を描く・貼る
第2幕　スパッタリングをする
第3幕　仕上げ

第1幕　お話、台紙を描く・貼る
　目を閉じさせる、お話をする。

> 　今日はいよいよ、待ちに待ったクリスマスの夜です。ぼくは、ベッドの中でなかなか眠れずにいました。だってサンタクロースが来るのが楽しみで楽しみで、眠れなかったんです。
> 　ふと、外を見ると一面の銀世界でした。

大きなもみの木が星と一緒にまるでクリスマスツリーのようにキラキラと輝いていました。
　　昼間に作った雪だるまくんと雪だるまちゃんもなんだか笑っているように思いました。
　「きっと雪だるまくんたちもサンタさんが来るのが楽しみなのかなあ」
　ぼくはそんなことを考えているうちにいつの間にか眠っていました。
　しばらくして「シャンシャン……」サンタさんのそりの音が聞こえてきました。

C：あっサンタさんが来たんだね。
　１年生はまだまだサンタクロースを信じている子も多い。子どもたちは待ちきれないといった表情になる。

　お話にあったような素敵な「クリスマスの夜」という絵を描きます。

　見本を見せる。
C：うわあ、すごい!!
C：きれい!!

　まず画用紙にツリーの形を書く。
　といっても１年生にはツリーの形を描くのは難しい。
　そのまま描かせると「できない……」という子が続出する。そこで

　三角を描きます。それにちょっぴり重ねて同じ三角を描きます。
　またちょっぴり重ねて同じ三角を描きます。
　切り取って裏返せば……ほら、ツリーの形でしょう？

❸ 1年12か月：楽しい月別シナリオ

> 他にどんなものがあればいいかな？　お隣と話し合ってみましょう。

C：ぼくは雪だるまちゃんを描こう。
C：私は家にしようかな。
　雪だるまは〇を2つくっつけて描くだけ。
　家は四角と三角だけ。簡単に描ける。
　「かんたーん」と子どもたち。
　描けたらはさみで切る。
　「貼ってはがせるのり」で、色画用紙に貼る。

第2幕　スパッタリングをする

> 板書　白（たっぷり）とみどりをパレットに出す。
> 　　　大ふで・中ふでを出す。

なお、オーロラをやりたい子は赤もパレットに出させる。

子どもたちを前に読んで実演。

> 筆を水入れにチャポンとつけて、パレットに3回落とします。2つの部屋に3回ずつね。この2つのお部屋に白を全部溶かします。全部だよ。2つとも白ジュースになったね。2つ目のお部屋は筆は洗わずそのまま緑を溶かします。

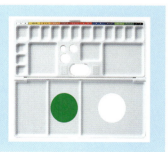

　白をたっぷり溶かした濃い白のジュースでないと美しいスパッタリングの白が出ない。白絵の具はたっぷりパレットに出すこと。
　オーロラをする子は、3つ目のお部屋にも同様に白＋赤でジュースを作る。

歯ブラシはこうやって持ちます。
真似してごらん。
(手のひらを上に向けて。歯ブラシは下向きで握る。人差し指がブラシの部分に触れるように)

そしてシュッシュッと人差し指を動かしてはじきます。
最初は新聞紙の上でお試し。次に本番。ほら、きれいでしょう？

　１年生の子どもたちでもこれは熱中する。木の周りは緑のスパッタリングをする。

オーロラは波のように切った型紙をおいて赤のスパッタリング。
もちろんこれは希望者だけで、やらなくても十分美しさが出る。

第3幕　仕上げ

　台紙をはがす場面。ここはドラマティックに演出してほしい。

　下準備として前日に「クラスで一番手のかかる子、または配慮が必要な子」の作品を一番上にしておく。そして当日子どもたちには、さも偶然に一番上の作品を取って見せたかのようにしてふるまうのだ。

> 台紙をそうっとはがします。まず先生がやってみますね。

と言っておもむろに子どもたちの作品の一番上に置いているEくんの作品を取る。
C：これ誰の？
T：ええっとEくんだね。Eくん、ちょっと貸してね。1つだけ先生がはがしてみるね。
　そしてみんながじいっと見つめる中、ツリーの台紙をはがす。
C：うわあ‼　きれい‼
C：すごーい。
C：Eくんの、きれい‼
　教室にどよめきが起きる。
　このどよめきと称賛の声をEくんに聞かせるのだ。
　クラス中がどよめいて自分の作品を称賛してくれる。この体験はEくんにとってかけがえのないものになる。
　その後、自分の作品の型紙をはがす。
　「うわあ、きれい」
　子どもたちは口々に言う。
　ポスカで雪だるまの顔やツリーの飾りを描く。ここは自由。
　100円均一で購入した星の形の切り抜きパンチを使って星を作り、それを貼って完成。

3 1月 新年の目標を描こう

3学期始めにぴったり！すぐ出来てみんな成功！
ちぎり絵「今年のもくひょう」

　3学期が始まると、「今年の目標を書く」クラスが多いのではないだろうか。その目標をちぎり絵の干支とミックスさせよう。簡単ですぐでき、素敵な目標になること間違いなし！　どの干支でもできるが、ここでは酉年バージョンと戌年バージョンを紹介する。（もちろん、酉年でなくてもにわとりバージョンが使える。簡単なので、ぜひおすすめ）

> **このシナリオで体験・獲得させたい造形力**
> 　紙をちぎる

ちぎり絵「今年のもくひょう」〜にわとりバージョン〜

準備物
　色画用紙（黒、8つ切り）・はさみ・のり・折り紙（赤・黄色）・コピー用紙・パス・鉛筆・コピー用紙（○・□の形を印刷したもの）

指導計画（全2時間）
第1幕　にわとりを作る
第2幕　目標を書く、仕上げ

第1幕　にわとりを作る

> あけましておめでとうございます。今年は何をがんばりたいですか。

C：ぼくはなわとびの二重とびができるようになりたい！
C：私は漢字をがんばりたいよ。
　それぞれの目標を発表させる。

> みんなが発表してくれた目標を、こんなにわとりの絵にします。

（見本を見せる）
C：わあ、かわいい！
C：わかった。酉年だからでしょう。ママが今年は酉年って言っていたよ。

> このにわとりははさみを使っていません。手でちぎっています。
> いきなり本番でちぎると難しいので、まずちぎる練習をします。

コピー用紙に〇・□の形を印刷したものを配付。
子どもたちを前に集めて実演。

> まず、両手の親指と人差し指で紙を持ちます。

> 次に右手だけを手前にひねります。
> 少しだけちぎれたね。

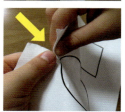

> 両手を少し下へずらします。
> そしてまた、右手だけを手前にひねります。
> また少しちぎれたね。このようにちぎります。

> 両手を下にずらさないでちぎると……。
> ビリビリと破れてしまうね。スピードを上げても同じです。手でちぎるっていうのはね、かたつむりの線と同じです。ゆっくりゆっくりなんだよ。

❸1年12か月：楽しい月別シナリオ

T：まずは練習をやってみましょう。
　ここはいくら失敗してもよい。○や□にちぎれたら大いに褒める。

　コピー用紙（B4）を配付。

にわとりの頭と体部分を鉛筆で描きます。簡単でいいです。

　描けたらちぎっていく。先ほどの練習があるので、みんな練習よりもスムーズにちぎることができる。

　次に頭のトサカの部分を赤で、くちばしを黄色の折り紙をちぎって裏からのりで貼る。

　ちぎったものが「何だこれ？」という形になっても、目を入れてとさかやくちばしを折り紙でちぎって貼ると、一気ににわとりになり、「オオーかわいい！」となるから不思議。

　ペンで目を描いてこの時間は終了。
　うまく出来たよ！　と子どもたち。
　裏に鉛筆で名前を書き、新聞紙などに挟んで保管。

第2幕　目標を書く、仕上げ

今年のもくひょうをペンでにわとりに書き込みます。どこに書いたらいいかなと指でさします。

　指で示すことで子どもたちは安心する。目標と名前をペンで書く。

できたら、黒画用紙（8つ切り）に貼る。
　ここからは自由にさせる。ひよこちゃんを黄色で作って貼ってもいいし、パスで草や花を描いてもいい。
　子どもたちは、ちょうちょを描いたり、トンボを描いたり、ひよこを親鳥の背中に2羽乗せたりと楽しんで描いた。

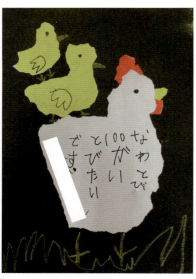

❸1年12か月：楽しい月別シナリオ

ちぎり絵「今年のもくひょう」〜犬バージョン〜

　色画用紙（8つ切り、黄緑・水色・薄クリーム色など）の上部分を斜めに切り絵馬の形にしても素敵だ。

　戌年の場合は茶色系の色画用紙をちぎって犬にしたが、この部分を変えることでどの干支でも使える。こちらもおすすめ。

3 1月 新年の目標を描こう

3学期初めにぴったり！ すぐできてみんな成功！
パスのこすり出し「今年のもくひょう」

P.137ではちぎり絵で新年の目標を紹介したが、ここでは、さらに簡単なパスのこすり出しで作る今年の目標を紹介する。
1時間ですぐにでき、子どもたちも大満足！

このシナリオで体験・獲得させたい造形力
パスのこすり出し

準備物
画用紙（8つ切りの半分を1人2枚）・はさみ・のり・パス・黒ペン

授業の流れ（1時間で完成）
（今年の目標を発表させ、見本を見せるところまでは、P.137と同じなので省略）
16切りの画用紙を配付。

ひつじさんのモクモクを描きます。描けたらはさみで切ります。

鉛筆で描く。小さくなりすぎないように。モクモクの外側の紙はいらないので捨てる。できたら子どもたちを前に集めて実演する。

❸ 1年12か月：楽しい月別シナリオ

青っぽい羊にする人はパスの青と水色を用意します。
モクモクのすぐ内側にこんなふうに「濃く」塗っていきます。
青、水色、青、水色……というふうに順番に。
そしてもう一枚の画用紙の上にモクモクを置いて、指でシュッシュッ。
こすり出します。

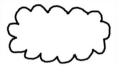  

①青の羊→青・水色のパス　　②赤の羊→赤・オレンジ・黄色のパス
③紫の羊→ピンク・紫・赤のパス　　④緑の羊→黄色・黄緑・緑のパス

このようにパスの色は同系色とする。①〜④から自由に選ぶ。

モクモクが動かないようにもう片方の手で
しっかり押さえながらこすり出すのがポイント。
モクモクを外すと……「うわあ、きれい」と
子どもたちは大喜びだ。

黄色のパスで顔のまるを描き、黒のパスで
目や角・足を入れる。草を緑で入れてもよい。
最後に目標をペンで書いて完成。

3学期　ここまでできる酒井式
ほたるまつり

　このシナリオで一番美しく、目を引くのはどこか。やはりそれは「蛍光黄色・蛍光オレンジ」の部分だろう。こんなの難しそう……と思うことなかれ。パスを使うことで絵の具がはじかれ1年生でも塗りやすくなる。
　心がほっこりするシナリオ。
（原実践　酒井臣吾先生）

このシナリオで体験・獲得させたい造形力
絵の具の彩色の仕方、木の描き方、ちらばり、重なり、大小

準備物
画用紙（8つ切り）・パス・綿棒・絵の具・黒ペン・蛍光絵の具（黄色・オレンジ）

指導計画（8時間）
第1幕　お話、木を描く
第2幕　お花・ほたるを描く
第3幕　絵の具で木を塗る
第4幕　蛍光絵の具を塗る
第5幕　空を塗る、仕上げ

第1幕　お話、木を描く

まずはお話。

私は「酒井臣吾の学校だより（明治図書出版）」に酒井先生が印象に残ったお話として紹介されている「大きな木」のお話がとても好きだ。このさみしかった「大きな木」をイメージしつつ「ほたるまつり」のお話を作った。

> 「ほたるまつり」作：寺田
>
> 　木はひとりぼっちでした。
> 　野原には木がたったの1本しかありませんでした。あとは草ばかりなのです。木はとてもさみしかったのでした。
> 　あるとき、1匹のほたるがとんできて木に咲いているお花の中にとまりました。
> 　木はうれしくてうれしくて枝をふるわせました。
> 　「もっと友達をつれてきてよう」
> とほたるに言いました。ほたるは何も言わずとんで行ってしまいました。
> 　木はがっかりしました。でも次の日、なんとそのほたるは5匹も友達のホたるをつれてきてくれたのです。
> 　木はうれしくてうれしくて枝をふるわせました。
> 　「もっともっと友達をつれてきてよう」
> とほたるに言いました。
> 　そして次の日。なんとたくさんのほたるが木に集まってきたではありませんか。そして1匹ずつお花の中にとまりました。やがて夕方になるとほたるのお尻が光り始めました。木のあちらこちらで美しい光が輝いているのです。
> 　まるでほたるまつりのようにお花も黄色く光ってそれはそれは美しいのでした。
> 　木はもうさみしくなんかありません。
> 　にっこりと笑いました。

T：木がにっこり笑っているところを描きます。

白画用紙を配付。半分より下のほうに、地面の線を鉛筆で薄く引く。
茶色・こげ茶・水色のパスの中から1色選んでその上に幹をグググっと描く。
1本10cmぐらい描いたらストップ。

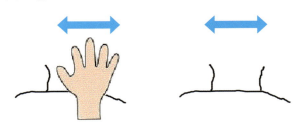

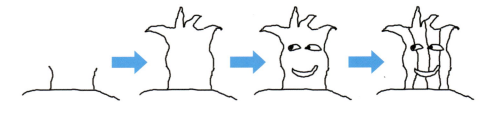

手をあててごらんなさい。
木はこの手の幅　⬅➡　ぐらいの太さに描きます。

　1年生なら何も言わなければ細い幹を描く子が出る可能性が高い。このように手を実際に当てて幅をイメージさせる。

　枝を描いてにっこり笑った顔も描く。
縦向きに木の線を入れる。

　そしてお花。これはいきなりは絶対難しいと思ったので紙の裏を向けさせ鉛筆で3つぐらい練習。そして緑のパスでお花を描く。

第2幕　お花・ほたるを描く

きれいに向きもそろえて並んで咲いているお花を黒板に描く。

> 何か気づいたことはありませんか。お隣と話し合ってみましょう。

C：もっとバラバラだよ。
C：こんなにきれいに並んでないよ。
T：そうだね。向きはバラバラにします。
　……と言ってもそれだけでは向きはバラバラにできないのが1年生。そこで

> 紙を横にしなさい。
> その向きにお花を1つ描きます。

そして

> 紙をまたくるっと回して逆さまにします。
> その向きでお花を1つ描きます。

そして

> またくるっと回して反対の横向きにしなさい。その向きでお花を1つ描きます。

今度は斜めにしなさい。
その向きでお花を1つ描きます。

重なっているお花もあるよね。
こんなふうに重ねてごらん。

　このようにして描くと、自然にいろいろな向きでお花を描くことができる。

　次にほたるを描く。
ほたるはネームペンで描く。
パスで描かない理由は2つ。

①細かいほたるを黒のパスで描くと、手でこすれてしまい汚くなるから。
②小さく描けない「異常に大きいほたる」を描く子が出現すると予想されるから。

　お尻が出ているもの、頭が出ているもの、飛んでいるほたる。すべて褒める。

第3幕　木を塗る

　茶色・黄土色・緑（少し）をパレットの小さい部屋に出させる。
　子どもたちを前に集めて実演。

> 筆をチャポンと濡らしてそのままパレットに水を2回いれます。3つのお部屋に2回ずつ。
> 水たまりが3つできたね。1つ目のお部屋は茶色を溶かします。筆をじゃぶじゃぶしてから2つ目のお部屋は黄土色を溶かします。3つ目のお部屋は黄土色と緑を溶かします。

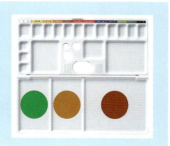

　このように3つのお部屋に色を作ってから塗る。
　子どもたちは木の幹は茶色だと思っている。しかし、3つの色を作ってから塗る木の幹の色の美しさに驚く。
　授業後、介助員の先生に「寺田先生、子どもたちすごいです。1年生なのに、あんなに上手に木を塗るなんて」と言われた。酒井式は傍で見ている大人にも感動を与えるのだ。

第4幕　蛍光絵の具を塗る

> 黄色のパスで木の輪郭（モクモク）を描きます。（右絵の矢印部分）

　これは、「パスの壁を作り絵の具を塗りやすくする」ためである。

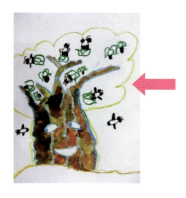

蛍光レモンをパレットの小さい部屋に配付する。
子どもたちを前に集めて実演。

筆をチャポンと濡らしてそのままパレットに水を2回いれます。前と同じだね。
今日はこの蛍光レモンという特別な色を使うよ。
この蛍光レモンを全部溶かします。
そしてお花と木の輪郭部分と地面の上部分を塗ります。ほら、こんなふうに。

蛍光の絵の具の威力は抜群。「きれい」と子どもたち。混色はないのですぐに塗ることができる。
そして緑（ビリジアン）で葉の部分を塗る。
パスの線があるので、はみ出ずに塗ることができる。

第5幕　空を塗る、仕上げ

ポスターカラーのウルトラマリンディープという色をパレットに配付する。大筆を使ってパレットに水を5回入れ、ウルトラマリンをたっぷり全部溶かして塗る。1年生なので混色はせず、この1色だけにする。

この色は美しい。目を引く美しさだ。絵の具の青ではなく、ぜひこの色で。

❸1年12か月：楽しい月別シナリオ

　仕上げは地面を青と緑を混ぜて水たっぷりの大筆でさーっと塗る。蛍光オレンジでほたるのお尻部分を塗って明るくする。白で星をチョンチョン……と20個ぐらい入れ、ついに完成！　1年生でもできた。

　子どもたちは「絵の具が楽しい」「木の絵、うまく描けた」「今日は図工がある、やったあ」などと言ってくれる。酒井式で描かせるとどの子にも成功体験を積ませることができる。

❸ 2月 学んだことを生かして：1年生の3学期はここまでできる！

大小の対比の面白さ　日本の昔話を描こう

いっすんぼうし

　日本の昔話を知らない子が増えている。

　いっすんぼうしでさえも、読み聞かせをしてもらったことがなく、知らないという子がいる。

　このシナリオをすることで日本の昔話にも興味をもってほしいと願ってやまない。

　小さないっすんぼうしが大きな鬼を退治するダイナミックな場面を描くシナリオ。

このシナリオで体験・獲得させたい造形力
　大小、オニの描き方、人物の描き方、絵の具の彩色、構図

準備物
　色画用紙（8つ切り）・パス・綿棒・絵の具・のり・黒ペン・コピー用紙・はさみ

指導計画（8時間）
第1幕　お話、オニの描き方の練習
第2幕　オニの顔を描く
第3幕　オニの体を描く
第4幕　オニを塗る
第5幕　オニの顔・パンツ・角を塗る
第6幕　いっすんぼうしを描く
第7幕　いっすんぼうしを塗る・切る
第8幕　貼る、仕上げ

第1幕　お話、オニの描き方の練習

目を閉じさせ、お話をする。

　昔々、あるところにおじいさんとおばあさんが住んでいました。
　おじいさんとおばあさんには子どもがいませんでしたので、神様にお願いするとやがてとても小さな男の子が生まれました。いっすんぼうしと名前をつけて育てましたが、いつまでたっても大きくなりませんでした。
　ある日のこと、いっすんぼうしは言いました。
「おじいさん、おばあさん、わたしは京の都に行って、立派なお侍になりたいのです」
　おじいさんとおばあさんは、いっすんぼうしに針の刀を用意してあげました。
　いっすんぼうしはお椀のお舟にのってお箸の櫂を持って川を下り、京の都を目指しました。ようやく京についたいっすんぼうしは、大臣のおやしきに仕えることになりました。
　大臣の姫はいっすんぼうしがお気に入りでした。
「ほうし、ほうし」とかわいがりどこへ行くにもいっすんぼうしを連れて行きました。
　ある日、いっすんぼうしはお姫様のお供をしてお寺にお参りに行きました。その時です。オニがやってきて、お姫様をさらっていこうとしました。
「お姫様に何をする！」
　いっすんぼうしは懸命に立ち向かっていきましたが、あっという間にパクリ！　飲み込まれてしまいました。
　しかし、しばらくすると……。
「痛い、痛い!!　もうたまらん!!」
　オニがおなかをおさえだしたのです。いっすんぼうしはオニのおなかに針の刀を刺していたのでした。オニはたまらずいっすんぼうしを吐き出しました。
　逃げ出したオニのそばには打ち出の小づちが落ちていました。お姫様がそれを振るといっすんぼうしは大きくなりました。
　そして2人は幸せに暮らしましたとさ。

T：いっすんぼうしがオニを退治しているところを描きます。
　見本を見せる。
　B4コピー用紙を配付。半分に2回折って4面を作り①②③④と書き込む。

今日はオニを描く練習をします。まず①に鉛筆で描きます。

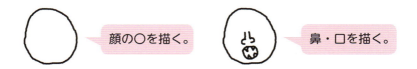

次は目です。オニはどんな顔をしていると思いますか。話し合ってみよう。
C：「まいった！　イタイイタイ！」と言っているよ。
C：「痛い！　マイッタマイッタ」というような顔だよ。

そうですね。あまりの痛さに目が回っているような目ですよね。
では、どんなふうに描けば目を回しているように見えるかな？

　3つ黒板に目を描いて、手をあげさせる。

　子どもたちは「③！」と一斉に言う。
　いつもはこのような目は描かないが，今回だけはわざと上下に目玉をバラバラに描かせる。

眉毛です。「イタイイタイ！」と困っている顔にするには、どんなふうに描けばいいでしょう？

　やんちゃ坊主に前に出てきてもらって困っている顔をしてもらう。子どもたち大笑い。こういう時にやんちゃ坊主は力を発揮する。

C：③‼　だって②は怒っているみたいになるよ‼

❸ 1 年 12 か月：楽しい月別シナリオ

Ｆくんの眉毛、本当にカタカナの「ハ」のように眉毛がなっているね。
このように眉毛を描けばいいんだね。

あとは耳→髪の毛→角、と進む。

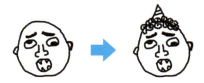

次に描くのは何ですか？（指名）そう、胴体ですね。胴体を描きます。

 鼻の線と一直線上に胴体を描くと「気を付け」しているみたいだから描かない。

  左右どちらかに胴体を曲げると動きが出る。

手足を描いてつなげます。最後にパンツをはかせます。

足はソラマメ。　　　交差してもいいね。

②は頭の〇を下に描きます。

頭を紙の下に描くと必然的に胴体は上になる。描き方は同じなのだが位置を変えるだけでずいぶん違った印象になる。

③は、逆さ顔を描きます。

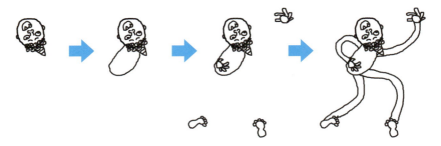

顔を逆さにするだけであとは①と同じ。これも、ずいぶん違った印象になる。

最後です。④には、①〜③のどのパターンでもいいので好きなものを選んで描きます。

いっすんぼうしも小さく入れてみる。これがリハーサルとなり子どもたちは見通しを持つことができる。

第2幕　オニの顔を描く

色画用紙（うすだいだい・ぎんねずみ・うすクリーム色の3色を用意。好きな色を選ばせる）にこげ茶のパスで描く。

> 顔を描く場所を決めます。だいたいどのあたりに描こうかな。指で押さえてごらん。

真ん中以外ならOKとする。

> 初めに描くのは何でしたか？　そう、○ですね。○もこのぐらいの丸にしようかな……と指でなぞってみます。みんなのパーぐらいだよ。

丸が小さすぎるとどうしようもない。ここはサッと見てチェック。

　あとは第1時のように鼻、口、目、眉毛、耳……と描く。
　第1時で4回練習しているのでスムーズ。大いに褒める。

第3幕　オニの体を描く

　これも、第1時でやっているので子どもたちは描き方はわかっている。
　しかし、胴体だけは鉛筆でうすく描いて教師が机間巡視してチェック。そうでないと、すごく小さく描いてしまう子がいるからだ。
　あとは褒めて褒めて……1年生の描くオニはダイナミックで素敵。大いに褒めよう。いっすんぼうしをおなかの中に描きたい子は、おなかの○を胴体に描く。

第4幕　オニを塗る

> 板書　赤オニにする人→赤・きいろ・しゅいろをパレットに出す
> 　　　青オニにする人→青・みどりをパレットに出す
> 　　　みどりオニにする人→みどり・きみどり・おうど色を出す

子どもたちを前にあつめて実演。まずは赤オニにする人から。

> 筆を水入れにぽちゃんとつけて、パレットの大きなお部屋に水を落とします。1回、2回、3回。水たまりができたね。こんなふうにして3つのお部屋に水たまりを作ります。

パレットの水加減は、このように回数でいうと一番よくわかる。

> 小さいお部屋の黄色を全部すくってね、3つのお部屋に溶かします。ほら、こんなふうに。黄色は弱い色だから黄色からだよ。

> この筆は洗わずにそのまま赤をちょっとつけて隣のお部屋に入れます。オレンジ色になったね。

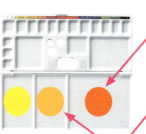

> 次は別の筆でね、朱色をとって黄色のお部屋に混ぜます。黄色っぽいオレンジになったね。

　子どもたちは1回混ぜると筆をじゃぶじゃぶ洗うものだと思っている。
　しかしいちいち洗わずに持つ。
　酒井式二刀流だ。

> このままトントン……って塗ります。ゴシゴシこすりませんよ。

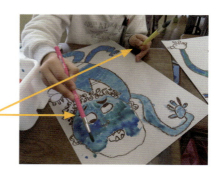

❸1年12か月：楽しい月別シナリオ

ちょっと塗ったら二刀流の別の筆で続きを塗ります。カサカサ筆になってきたらちょっぴり水をつけてパレットの絵の具をつけます。

　二刀流、三刀流という言葉は子どものやる気をくすぐる。「カッコいい」とみんな真似をして画家風にやりだす。

第5幕　オニの頭・パンツ・角を塗る

髪の毛・パンツ・角を塗ります。
どんな色で塗ればいいと思いますか。お隣と話し合ってみましょう。

C：私は赤色の髪の毛にしたいな。
C：パンツは黄色と黒にしようかな。
　黄色・黄緑・青・緑・オレンジ・黒の中から、自分で選んだ髪の毛の色・パンツの色・角の色をパレットに出す。
T：パレットに水を何回落とすのでしたか？
C：3回だったよ！
C：水たまりを作ってから色を混ぜるんだよ。
T：よく覚えていました。スーパー1年生だね。

　髪の毛、角などはパスが絵の具をはじくので1年生でも塗りやすい。黒は強い色なので一番最後に塗らせる。
　おなかの中、口の中は赤を薄ーく水でのばしたものを塗る。

第6幕　いっすんぼうしを描く

　コピー用紙に黒ペンで描く。B5のコピー用紙を4分の1の大きさに切ったものを配付。

　横向きの顔で「エイ、ヤー！」とオニを倒しているところを描く。

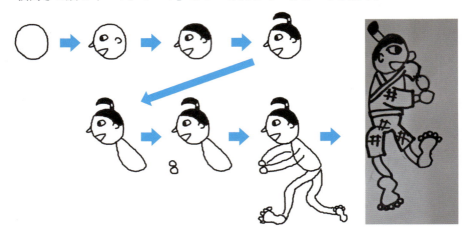

第7幕　いっすんぼうしを塗る・切る

　黒板に赤オニと青オニ、緑オニの絵を貼る。その上に見本で作った赤い着物のいっすんぼうしを重ねておいてみる。

> 何か気づくことはありませんか。お隣と話し合ってみましょう。

C：赤オニに赤い着物のいっすんぼうしはわかりにくいよ。
C：緑オニだったらわかりやすい。
C：本当だ！　青オニでもいいね。

> みんなが気づいた通りです。赤オニに赤の着物は同じ色なので目立ちませんね。オニと違う色でいっすんぼうしの着物を塗ります。

　肌の塗り方は、P.77に詳しい。
　子どもたちは「初めは黄土色を薄くでしょう」などと、以前に指導したことをよく覚えているものである。大いに褒める。

❸1年12か月：楽しい月別シナリオ

塗れたらはさみで切る。これも、「大まかに切ってから、細かいところを切る」という原則は変わらない。

第8幕　貼る、仕上げ
いっすんぼうしを貼る。

> どこに貼ろうかな。こうしようかな、といろいろ置いてみます。

逆さまに貼ったり、斜めにしたり、いろいろ試してみて一番いいものを選ぶ。これは構図の学習にもなっている。

貼ったら刀を描く。刀はペンで直接書き込む。パスで刀の色を塗る。

仕上げは、ポスカの白で白目を塗る。ここが白くなると一気にオニがよくなる。

背景はあえて何もしない。大きいオニと小さいいっすんぼうし。これだけで十分テーマが伝わるからだ。

❸ 3月 お気に入りの絵の写真をこれで飾ろう

紙皿を使って、自分で描いたお気に入りの絵の写真を貼ろう

思い出フォトフレーム

1年間の記念に紙皿を素敵に飾って、思い出フォトフレームを作ろう。

クラスの写真を貼ってもよいし、自分で描いたお気に入りの絵の写真でもいい。

準備物
紙皿・はさみ・のり・色画用紙・写真・ひも・黒ペン

所要時間（2時間）
第1幕　飾りを作る
第2幕　仕上げ

第1幕　飾りを作る
見本を見せる。

> 1年生の最後の図工の授業は「思い出フォトフレーム」を作ります。
>
> 1年生の記念になるように真ん中に写真を貼ります。周りにはどんな飾りをつければよいですか？　お隣と話し合ってみましょう。

C：お花の飾り！
C：1ねん1くみって書くといい！
C：ぼくは星がきれいだと思う。

たくさん意見を出させる。
　４cm×４cmの正方形に切った色画用紙を５枚配付。色は水色や黄緑など、きれいな薄めの色がよい。

鉛筆で大きな丸を書きます。その中に黒ペンで大きく１と書きます。

同様に「年」「１」「く」「み」も書いて「１年１くみ」などとする。
（クラスの実態に合わせて「１の３」「２くみ」などと３枚でもできる）
はさみで丸く切り、のりで紙皿に貼りつける。

周りの飾りを作ってのりで貼る。

ここにたくさんの色画用紙の切れ端があります。
どの色を何枚使ってもかまいません。これで飾りを作ります。

例えば……これはお花だね。
お花にしなくても、四角に切って、違う色を少し小さい四角に切って……ほら、重ねると素敵な模様になるね。

△や、ハートマークでもこの「重ね技」が使えるよね。

　４月から色画用紙が少し余ったら切れ端のきれいな部分だけを袋に入れてとっておく。これがここで役に立つ。いろいろな色のたくさんの色画用紙を自由に使ってもよいのだ。子どもたちの目は輝く。

❸1年12か月：楽しい月別シナリオ

第2幕　仕上げ

紙皿に作った飾りと写真を貼る。

どうぶつの顔にしたい！　と言ったAさん。素敵なフォトフレームが出来上がった。いろいろなアイデアを大いに褒める。

後ろにひもをつけて壁にかけて飾れるようにする。

世界に1つしかない、自分だけの思い出フォトフレーム。

おすすめ！

付録 ③ 1年生と6年生のコラボ

卒業式の掲示にぴったり!
花いっぱいになあれ

卒業式の校内掲示板などの壁面掲示にぴったり。

1年生が描いた酒井式の絵と卒業生の将来の夢をマッチさせた「花いっぱいになあれ」ぜひ。

準備物

コピー用紙・はさみ・のり・色模造紙・黒ペン・色画用紙（8つ切りの4分の1の大きさ、ピンク・黄色・オレンジ・黄緑など）

① 1年生：風船を見ている自分を描く

「花いっぱいになあれ」の読み聞かせをする。

> 「花いっぱいになあれ」とたくさんの風船を見ている自分を描きます。

コピー用紙を配付。ペンで描く。人物の描き方はこのころになるとかなり覚えている子がいるので、次のように聞いていく。

T：まず、何を描くのでしたか？
C：まる！
T：そうですね。次に何を描くのでしたか？
C：鼻ー!!
T：よく覚えていました。鼻は上向きだから逆さまに描きます。
　　次は何を描くのでしたか？
……このように褒めて、確認しながら描く。

❸1年12か月：楽しい月別シナリオ

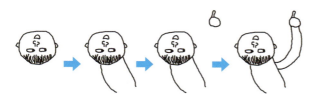

　右のように全身を描いてもよいし、上半身だけでもよい。
描けたらパスで彩色（もちろん綿棒でクルクル伸ばす）。はさみで切り取る。

②6年生：将来の夢を風船に書く

　色画用紙（ピンク・黄色・オレンジ・黄緑など、8つ切りの4分の1）を、あらかじめ風船の形に1年生担任が切っておく。

　6年担任にその紙を渡し「将来の夢を書かせてほしい」と依頼する。

　（卒業式の2〜3週間前には依頼したい。卒業式の練習などで忙しいからである）
　6年生は「消防士になりたい　山本○男」などと黒ペンで丁寧に書く。

③1年生の酒井式人物と6年生の将来の夢風船を合わせる

　色模造紙（ロール紙が便利）に貼る。祝卒業の文字を入れて完成。

　当時勤務校は160人の卒業生だったので、160人分の将来の夢が掲示された。
1年生もたてわり活動でお世話になった6年生の名前を探してじっと見ていた。また、卒業生保護者からも同僚からも「いいですねー」と好評だった。

④ 基礎基本Q&A
酒井式描画指導法とは？

Q1　そもそも「酒井式描画指導法」って何ですか？

「酒井式描画指導法」とは、新潟の酒井臣吾先生が提唱された絵の指導方法である。

「読み・書き・計算」と言われるように、教師は算数ならば数について、国語ならば言葉について習得させなければならない。しかし、図工となると「自由に、のびのびと」「子どもの思いのままに」という美辞麗句のもとに「教師は何も教えずに」描かせる授業をあちこちで見かける。

そうではなく、酒井先生は、絵の具の使い方やパスの彩色の仕方、人物の動き、遠近、配置など教えるべきことをシナリオを通してきっぱりと教えるべきだと主張された。酒井式の絵は教科書にも掲載されているほか、また酒井式で描いた中学生の絵がハプスブルク家に購入されるほどの評価を得ている。

Q2　酒井式で描かせるとどのような効果があるのですか？

酒井式は打率10割をめざしている。だからどの子も描けるようになる。

図工が苦手な子でも「ぼくにも描けた！」「こんなに上手にかけたのは初めてだ！」と言って大喜びする。

その結果、自尊心があがり、「ぼくは絵をかくのが好きになったよ」という子も増える。全員できることで全員を褒めることができる。

酒井式は学級経営の根本にあると言っても過言ではない。

❹ 基礎基本Q&A　酒井式描画指導法とは？

子どもたちは「図工大好き！」「先生大好き！」になってくれる。右の日記を見ていただきたい。1年生の10月のものである。この児童はすっかり絵を描くのが好きになった。

また、別の年に担任した1年生のA君。色を塗らせたらこのようにぐちゃぐちゃに塗った。

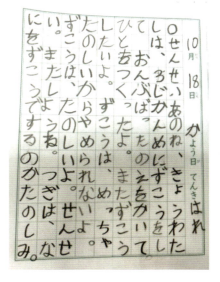

「色を塗るとはどういうことか」を知らなかったのである。教えてもらっていなかったのだ。A君は絵の描き方を知ってグンと変わった。集中する時間が増え、「ぼくの絵上手でしょう」と、他の先生にも見せに行くようになったのだ。

わずか1か月でA君の描く絵は右（→）のように変わった。

Q3　かたつむりの線って何ですか？

　かたつむりの線とは酒井式描画指導法で最も需要なポイントの1つで、「かたつむりのようにゆっくりと引く線」のことである。
　大人のデッサンなどでは、シャッシャッとだいたいこれぐらいという「アタリ」をつけて線を決めていくが、酒井式ではそのような方法を取らず「一発」で勝負をする。だからその1本の線を、子どもたちが緊張感をもって引くようになる。た

かが線1本でも、シャッとひいたものとかたつむりのようにゆっくりと引いたものでは全く違うのだ。集中してゆっくりと描いた線は「生命力あふれる線」となる。（→P. 27に詳細）

Q4　どうして酒井式の絵には首がないのですか？

簡単である。首を描いてしまうと、胴体は首の下に描かねばならず、結果として動きのない「気を付け」のような形になってしまうからである。子どもたちに何も言わずに自分を描いてと言うと1年生のほとんどの子がこのような人物を描く。

首がなければ顔の上に胴体を描くことができる。すると下図のように逆立ちをしているような動きもらくらく描けるのである。

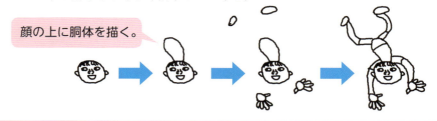

顔の上に胴体を描く。

Q5　部分積み上げ法とは何ですか

例えば、風景の絵を描かせるとする。お花が咲いていて、遠くに家や山が見えるという風景である。どのように描かせるだろうか？
私がかつて小学生の時に受けた授業は
①鉛筆で下書き　②先生に見せに行く　③先生にOKをもらったらペンで下書きをなぞる　④絵の具で彩色　⑤塗れたら先生にまた見せに行く　⑥先生に指導されたところを塗る……このような感じだった。

これには最大の欠点がある。それは
速い子と遅い子の差が出る
ということだ。

　ある子は絵の具で彩色をしているのに別の子はまだ鉛筆で下書きをしている——。このような状況だと指導できない。また、子どもも（特に発達障害の子など）集中力が切れて「もういいや」となり適当に塗ってしまう……。

　その結果「ぼくの絵は下手だ」となってしまう。

　そうではなく、酒井式部分積み上げ法とは、手前の花だけを1時間かけて集中してかたつむりの線で描く。一生懸命描いたその花を大いに褒める。よーし、と調子に乗っているところで次の時間はそれを「塗って」花の部分を完成させる。また大いに褒める。そして花が完成してから、次は家並みを描く。

　このように花、家並み、地面、空、などと1時間ずつその部分部分を完成させていく方法なのである。こうすることで集中力が切れずにどの時間もできる。

初めは花だけを完成させる。

次に家並みを完成させる。

　そして先ほども述べたように全員のスタートが同じなのだから、教師にとっても指導しやすい。

　酒井先生は言う。

> 酒井式は、「ひとつひとつ確実に完成していく」やり方です。（中略）鼻なら鼻という「部分」を納得するまで追求し完成させるのです。この繰り返しが酒井式の骨格です。（『教室ツーウェイ』91年8月号　明治図書出版）

Q6　酒井式４原則とは何ですか

酒井先生が提唱された酒井式に欠かせない４つの原則である

1　ふんぎる（見切り発車の原則）
2　集中する（かたつむりの原則）
3　よしとする（肯定の原則）
4　それを生かす（プラス転換の原則）

「ふんぎる」

　おとなしい女の子に多いのだが、いつまでもペンを持ったまま描けない子がいる。怖いのだ。だから「下書きしてもいいですか？」となる。酒井式は下書きは原則としてしない。だから、
　「ようい、と先生が言ったらペンを紙につけますよ。かたつむりが出発しまーす。ようい。スタート」
と言って**スタートで必ず出発させる。これがふんぎる**、である。
　ただし、スタートはやさしくやさしくささやくように言おう。
　酒井先生の生の「ようい、スタート」は陸上競技のそれとは全く違う。
　「ようい、（一瞬の間）スタート（ささやくように）」である。

「集中する」

　ようい、でスタートしたらそのまま息を止めるかのように**シーンと集中する**。かたつむりの線を真剣に描いたら誰でもシーンとなる。
　この集中が酒井式には欠かせない。

「よしとする」

　さて、誰にも負けないぐらい集中して線を引いた。しかし小さすぎたり、大きすぎたり、場所がおかしかったり……どうしようー！　となってしまうことがよくある。そんな時、酒井式では決してやり直そうなどと考えるのではなく、「よしとする」のである。**子どもが真剣に引いた線はよしとする**のだ。

❹ 基礎基本Q&A　酒井式描画指導法とは？

「それを生かす」

　さあ、よしとした。しかしここからが教師の腕の見せ所である。それを生かすのだ。顔の描き方での「それを生かす」例はP.37で紹介したので別の場面を述べる。

　2年担任の時に「お雛様を飾ったよ」という絵を描かせた時のことである。
　第1時でお内裏様を描き、第2時でお雛様を描こうとしたらBくんが言った。
「先生ーお雛様の頭を描こうとしたら、変になってしまいました……」
　お内裏様はとても上手に描けたのに、お雛様の頭部分を描く場所を間違ってしまったというのだ。確かにここにお雛様を描くと近すぎる。どうするか。もちろん「それを生かす」のだ。

　不安いっぱいのBくんに、私はにっこり笑って「大丈夫だよ。これを生かそう」と言った。かくして、このまるはどうなったか。それは、「雪洞を飾っている自分の手」になったのである。
　絵が仕上がってみれば、あの間違ったという線に違和感など微塵も感じない。Bくんもにっこり。

　これが酒井式の基本とも言える4原則「ふんぎる」「集中する」「よしとする」「それを生かす」である。

Q7　造形言語とは何ですか

　「造形言語」というのは造形するための「ことば」のことで簡単にいえば絵や工作をするための「基礎基本」と考えてもらってもいい。（『楽しい絵画教室』17号　明治図書出版）

　「大小」「動勢（ムーブメント）」「遠近」「配置」「構成」「絵の具の混ぜ方」「筆の持ち方」「はさみの使い方」など、およそ絵を描くためのステップ１つ１つが造形言語と言える。

　「小学校学習指導要領（平成29年度告示）解説　図画工作編」では、教科の目標として次のように示されている。

①対象や事象を捉える造形的な視点について自分の感覚や行為を通して理解するとともに、材料や用具を使い、表し方などを工夫して、創造的につくったり表したりすることができるようにする。

②造形的なよさや美しさ、表したいこと、表し方などについて考え、創造的に発想や構想をしたり、作品などに対する自分の見方や感じ方を深めたりすることができるようにする。

　指導要領には「造形的な視点」「造形的なよさ」と書かれてあるが、では造形的って具体的にどういうことなのか？　非常に曖昧だ。
　この曖昧な部分をわかりやすくされたのが酒井先生の造語である「造形言語」なのである。
　指導要領の「造形的なよさ」の中に「大小」「遠近」「動勢」などの造形言語がすべて含まれる。このほうがわかりやすい。

例えば「木のある風景」では、ただの木だけでは面白くないが、そこへ「小さい家並み」や「小さい人物」を入れると「遠近」の面白さが出る。造形的なよさである。

 また下絵のように、オニだけではなく小さいいっすんぼうしを入れると「大きいオニ」と「小さな法師」の対比が出て、造形的なよさが出る。

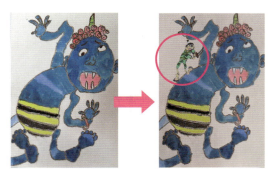

 この教科でやらなければならないことは何かといえば、それは造形言語の獲得を目指すということなのです。この教科の基礎基本に造形言語が入るのです。筆の持ち方とか、絵の具の混ぜ方とか、かたつむりの線とかそういうものもみんな入るわけです。それは基礎基本です。その中で造形言語を順番に教えていかなければ、永久に子どもはわからない。だから嫌いになるのです。(『楽しい絵画教室』14号　明治図書出版)

 本書では各シナリオごとに「このシナリオで身につけさせたい造形力」として紹介している。
 <u>この時間でどういった造形的な力をつけさせるか。</u>
 この意識を常に持って授業に取り組まねばならない。

5 酒井式とプログラミング的思考

　2020年度から新学習指導要領での中で必修となるプログラミング教育。ン？　酒井式とプログラミング？　どう関係があるの？　と思う方もいるかもしれない。しかし、
　「酒井式はプログラミング的思考である」
と、2018年の酒井式セミナー WEST in 熊本で吉永順一先生はズバリ話された。新学習指導要領で必修となるプログラミング教育、このプログラミング的思考に酒井式はあてはまるのだと。
　ところで、そもそもプログラミング的思考とは、何か？
　文部科学省が発表した「小学校段階におけるプログラミング教育の在り方について（議論の取りまとめ）」によると、プログラミング的思考とは、

> 『急速な技術革新の中でプログラミングや情報技術の在り方がどのように変化していっても、普遍的に求められる力』

と定義されている。つまり、プログラミング的思考とは「自分が意図している一連の活動を実現するための手順を論理的に考える力」のことである。
　プログラミング的思考は特別なものではなく、例えば身近な例で言うと料理のレシピなどが当てはまる。材料は何と何を選び、玉ねぎを切ってお肉をいためて……といった順次・処理していくことで誰でも料理ができるようになる。
　酒井式も同じだ。描けない子に「自由に思いのままに描きなさい」と言っても描けない。できない子をできるようにするには手順が必要なのだ。
　これはできるようになるためのルート「フローチャート」（次頁）で考えるとわかりやすい。
　プログラミング的思考の要素に、順次・反復・条件分岐がある。

順次……順番に処理を行うこと。

顔を描くときは鼻→口→目→……、体を描くときは、胴体→手足→つなげるといった「順序」がありその順に描くことでみんなできるようになる。

動き(ムーブメント)・遠近(近くに描いてから遠くに描く)・たらしこみといった造形言語もこの手順をふむことで獲得することができる。

反復……条件を満たすまで繰り返すこと。

前に呼んで実演をする、指示を確認、机間巡視して褒める、困ったことがあったら是正する(フィードバック)。

例えば、鼻が大きすぎれば口を小さくすればよい、鼻が小さすぎれば口を大きくすればよいなどのその場にあった指導をする。

指示→確認→評価→是正、この繰り返しでできる。

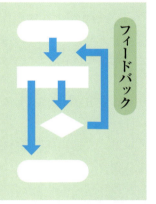

分岐……ある一定の条件のもとに動作が変化すること。

つまり教えるべきことを(ある一定の条件)をしっかり教え、最後に自由にさせ飛躍させるのである。

例えばP.98の「きょうりゅうとお散歩した夢」では、最後のところで自由にさせる。火山を描く子、お花を咲かせる子、虫や鳥を付け足す子、様々だ。このように子どもたちはのびのびと好きなように表現できる。

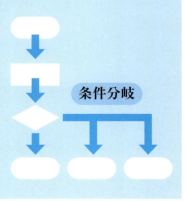

そして酒井式で造形言語（造形するための基礎基本）（P. 174参照）を身に付けた子どもたちは、自分の描きたい絵が描けるようになる。
　例えば、その絵を描くために、パスで塗ったほうがいいのか、絵の具で塗ったほうがいいのか、材料は何と何と何が必要か、色は何色を選ぶとよいのか、などといった組み合わせを選び、空は最初に塗るのか後で塗るのかなど手順を考えて描く。またよりよい絵にするために、１つ１つのパーツをどのように貼ればいいのかいろいろ置いてみて試してみてから貼るなど。すると、より一層描きたい絵に近づくことができる。

　それは、文部科学省が定義する
「自分が意図する一連の活動を実現するために、どのような動きの組み合わせが必要であり、１つ１つの動きに対応した記号をどのように組み合わせたらいいのか、記号の組み合わせをどのように改善していけば、より意図した活動に近づくのか、といったことを論理的に考えていく力」
にずばり当てはまるではないか。

　酒井式で描くとみんな描けるようになる、それはプログラミング的思考だからなのだ。
　本書には随所にプログラミング的思考のフローチャートを取り入れている。ぜひそういう視点からも見ていただけたらと思う。

あとがき

　1年生の担任になるというのは本当に幸せなことである。

　その幸せな1年生担任を、私は今までに6回経験することができた。

　初めて1年生担任になったとき、先輩の先生に言われた。「1年生はまるで宇宙人よ」「宇宙人相手にすると思ったほうがいいわよ」と。

　その言葉の意味が入学して2日目にわかった。保健室へ移動するため「男子はこちらに来ましょう」というと、みんな真顔でキョトンとしている。そして「だんしって……何？」と。頭をガツーンとたたかれたような気がした。気を取り直して「おとこのこはー」と言い直した。あたり前だと思っていることも1年生には通じないのだ。

　言葉ひとつとってもこれである。1年生に図工なんて。ハアー、どうなることやら……と思っていたが、その不安も酒井式を実践することで払拭された。むしろ1年生に図工を教えるのが楽しくてたまらなくなったのだ。

　1年生担任は確かに大変。絵の具をしようものなら必ずと言っていいほど誰かがバッチャーンと水をこぼす。はさみで切るときには「先生、どうしよう、間違って切り取っちゃった」という子が出る。まさにテンヤワンヤ。図工の時間が終わるとドッと疲れる。

　でも、でも、1年生の担任ほど面白いものはないのだ。水をこぼすのも、はさみで間違って切り取るのも「想定内」。1年生とはこういうもの。

　「ハイハイそう来ましたか」という感じで対処をすれば「こぼしちゃダメでしょ！」とイライラして叱ることもない。

　それよりも、1年生は砂に水がしみこむように教えたことを素直に受け入れてくれる。先生のお話を耳を澄ましてシーンと聞き、先生がパフォーマンスをしたら大喜びしてくれる。先生が間違おうものなら教室は一気に興奮状態。もう必死になって訂正する。

　そして、何より「これはスゴイ。

めちゃくちゃいい」と褒めたとき「やったあ！」とピョンピョンはねて体全体で喜びを表現してくれる。「みんなとってもうまく描けたよ。写真をとろう」と言うと満面の笑みで絵を見せてポーズ。

　これは今まで6回担任したどの1年生もそうだった。酒井先生は宇宙人が天使に代わる時と述べられているが、まさにこんな1年生の笑顔を見ていると天使のごとくかわいいと思えてくる。

　ある年、子どもたちの絵を全大阪幼少年美術展に出展したところ、1年生4クラスで合計6人が賞に入り、そのうち5人が寺田学級だった。賞に入った子はもちろんだが、両親そして遠くに住む祖父母まで大喜びしてくれたらしい。その賞をきっかけに図工が大大大好きになったとのこと。わずか賞状1枚だけどこの影響・重みは大きい。

　クラスみんなが「図工が楽しい」「図工大好き。学校楽しい」と言ってくれる。懇談会では「先生、これあの子が描いたのですか？　すごいです」と保護者の方もビックリされる。「先生、1年間で宇宙人が人間になりました」と保護者に言われたこともある。「保育園の時は絵になっていなかったんです。本当にありがとうございます」と。

　酒井式と出会わなければ、このようなことはなかった。

　酒井式に出会えたからこそ、1年生の担任をすることは幸せと感じるようになったのだ。酒井式に出会え、学ぶことができたことに感謝したい。

　最後になりましたが、「寺田さん、思う存分、思い切りやりなさい」と励ましてくださった酒井臣吾先生、何度も原稿を見ていただいたサークルの大田公蔵先生、そして学芸みらい社の樋口編集長に心からお礼申し上げます。

　ありがとうございました。

令和元年9月　寺田真紀子

◎著者紹介

寺田真紀子（てらだ まきこ）

1974年2月　大阪府生まれ
1996年3月　大阪教育大学教育学部卒業
1996年4月〜　大阪府和泉市内小学校勤務

TOSS五色百人一首協会大阪府理事
TOSS五色百人一首協会事務局
教育サークルTOSS大阪きりんの会代表

〈著書〉
『小学1年生の絵の指導　ここまで描ける酒井式シナリオ集』（明治図書出版）
『どの子も図工大好き！酒井式"絵の授業"
　―よういスタート！ここまで描けるシナリオ集』（学芸みらい社）

小学1年 "絵の指導" どの子もニコニコ顔！12か月の題材20選
〜入賞続々！ 酒井式描画指導法スキルのすべて〜

2019年12月15日　初版発行
2023年3月15日　第2版発行

著　者　寺田真紀子
発行者　小島直人
発行所　株式会社学芸みらい社
　〒162-0833　東京都新宿区箪笥町31番 箪笥町SKビル3F
　　　　　　　電話番号 03-5227-1266
　　　　　　　https://www.gakugeimirai.jp/
　　　　　　　E-mail：info@gakugeimirai.jp

印刷所・製本所　藤原印刷株式会社
企　画　樋口雅子
校　正　境田稔信
装丁デザイン・DTP組版　小沼孝至

落丁・乱丁本は弊社宛お送りください。送料弊社負担でお取り替えいたします。

©Makiko Terada 2019 Printed in Japan
ISBN978-4-909783 21-9 C3037

『教室ツーウェイNEXT』バックナンバー

創刊創刊記念1号

【特集】〈超有名授業30例〉アクティブ・ラーニング先取り体験！

【ミニ特集】発達障がい児のアクティブ・ラーニング指導の準備ポイント

A5判 並製：172ページ
定価：1500円＋税
ISBN-13：978-4908637117

創刊2号

【特集】やりぬく、集中、忍耐、対話、創造…"非認知能力"で激変！子どもの学習態度50例！

【ミニ特集】いじめ――世界で動き出した新対応

A5判 並製：172ページ
定価：1500円＋税
ISBN-13：978-4908637254

3号

【特集】移行措置への鉄ペキ準備 新指導要領のキーワード100

【ミニ特集】いじめディープラーニング

A5判 並製：172ページ
定価：1500円＋税
ISBN-13：978-4908637308

4号

【特集】"合理的配慮"ある年間プラン＆レイアウト63例

【ミニ特集】アクティブ型学力の計測と新テスト開発の動向

A5判 並製：172ページ
定価：1500円＋税
ISBN-13：978-4908637414

5号

【特集】〈超有名授業30例〉アクティブ・ラーニング先取り体験！

【ミニ特集】発達障がい児のアクティブ・ラーニング指導の準備ポイント

A5判 並製：168ページ
定価：1500円＋税
ISBN-13：978-4908637537

6号

【特集】「道徳教科書」活用 考える道徳授業テーマ100

【ミニ特集】"小学英語"移行措置＝達人に聞く決め手！

A5判 並製：176ページ
定価：1500円＋税
ISBN-13：978-4908637605

7号

【特集】教科書の完全攻略・使い倒し授業の定石59！ 意外と知らない教科書の仕掛けを一挙公開。

【ミニ特集】クラッシャー教師の危険

A5判 並製：180ページ
定価：1600円＋税
ISBN-13：978-4908637704

8号

【特集】「主体的な学び」に直結！熱中教材・ほめ言葉100 新指導要領を教室で実現するヒント

【ミニ特集】教育改革の新しい動き

A5判 並製：172ページ
定価：1600円＋税
ISBN-13：978-4908637872

9号

【特集】「通知表の評価言――AL的表記への変換ヒント」

【ミニ特集】学校の働き方改革――教師の仕事・業務チェック術

A5判 並製：156ページ
定価：1600円＋税
ISBN-13：978-4908637995

10号

【特集】〈超有名授業30例〉アクティブ・ラーニング先取り体験！

【ミニ特集】発達障がい児のアクティブ・ラーニング指導の準備ポイント

A5判 並製：156ページ
定価：1600円＋税
ISBN-13：978-4908637117

小学校教師のスキルシェアリング
そしてシステムシェアリング
―初心者からベテランまで―

授業の新法則化シリーズ
＜全28冊＞

企画・総監修／向山洋一 日本教育技術学会会長
TOSS代表

編集執筆 TOSS授業の新法則 編集・執筆委員会

発行：学芸みらい社

　1984年「教育技術の法則化運動」が立ち上がり、日本の教育界に「衝撃」を与えた。そして20年の時が流れ、法則化からTOSSになった。誕生の時に掲げた4つの理念はTOSSになった今でも変わらない。
1. 教育技術はさまざまである。出来るだけ多くの方法を取り上げる。（多様性の原則）
2. 完成された教育技術は存在しない。常に検討・修正の対象とされる。（連続性の原則）
3. 主張は教材・発問・指示・留意点・結果を明示した記録を根拠とする。（実証性の原則）
4. 多くの技術から、自分の学級に適した方法を選択するのは教師自身である。（主体性の原則）
　そして十余年。TOSSは「スキルシェア」のSSに加え、「システムシェア」のSSの教育へ方向を定めた。これまでの蓄積された情報をTOSSの精鋭たちによって、発刊されたのが「新法則化シリーズ」である。
　日々の授業に役立ち、今の時代に求められる教師の仕事の仕方や情報が満載である。ビジュアルにこだわり、読みやすい。一人でも多くの教師の手元に届き、目の前の子ども達が生き生きと学習する授業づくりを期待している。

（日本教育技術学会会長　TOSS代表　向山洋一）

株式会社 学芸みらい社
〒162-0833 東京都新宿区箪笥町31 箪笥町SKビル3F
TEL:03-5227-1266　FAX:03-5227-1267
http://www.gakugeimirai.jp/
e-mail:info@gakugeimirai.jp

学芸みらい社の好評既刊

日本全国の書店や、アマゾン他のネット書店で注文・購入できます！

若手なのにプロ教師！新指導要領をプラスオン
新・授業づくり&学級経営
365日サポートBOOK

学年別 全6巻

監修：谷和樹
（玉川大学教職大学院教授）

「子どもに尊敬される教師になろう！」

いかなる時代の教育にも必須のスキルに加え、新指導要領が示す新しい提案をプラスオンする本シリーズで、教室の365日が輝く学習の場になり、子どもの姿が頼もしく眩しい存在となるだろう。
── 向山洋一氏(日本教育技術学会会長／TOSS代表)、推薦！

巻頭マンガをはじめカラーページも充実！

―― 谷和樹氏「刊行の言葉」より ――

新採の先生が1年もたずに退職。ベテランでさえ安定したクラスを1年間継続するのが難しい時代。
指導力上達の道筋を「具体的なコツ」で辞典風に編集！
プロとしての資質・能力が身につく「教師のための教科書」。

【本書の内容】「グラビア①：まんがで読む！各学年担任のスクールライフ」「グラビア②：各学年のバイタルデータ＝身体・心・行動」「グラビア③：教室レイアウト・環境づくり」「グラビア④：1年間の生活習慣・学習習慣づくりの見通し」「1章：新指導要領の発想でつくる学期別年間計画」「2章：学級経営＝学期&月別プラン・ドゥ・シー」「3章：若い教師＝得意分野で貢献する」「4章：実力年代教師＝得意分野で貢献する」「5章：新指導要領が明確にした発達障害児への対応」「6章：1年間の特別活動・学級レクリエーション」「7章：保護者会・配布資料　実物資料付き」「8章：対話でつくる教科別・月別・学期別　学習指導ポイント」「9章：参観授業&特別支援の校内研修に使えるＦＡＸ教材・資料」「10章：通知表・要録に悩まないヒントと文例集」「11章：SOS！いじめ、不登校、保護者の苦情」「附章：プログラミング思考を鍛える＝「あの授業」をフローチャート化する」

パッと見れば、どのページもすぐ使える。
365日の授業、完全ナビ！

B5判並製
各巻208〜240ページ
定価：本体2800円+税